SE LIGA NA FILOSOFIA

LONDRES, NOVA YORK, MELBOURNE, MUNIQUE E NOVA DÉLI

Editor de projeto sênior Victoria Pyke
Editor de projeto Carron Brown
Assistente editorial Ciara Ní Éanacháin
Designer sênior Jim Green
Designers Daniela Boraschi, Mik Gates
Ilustradores Daniela Boraschi, Mik Gates, Jim Green, Charis Tsevis

Gerente editorial Linda Esposito
Gerente de arte Michael Duffy
Publisher Andrew Macintyre
Diretor de publicação Jonathan Metcalf
Diretor de publicação associado Liz Wheeler
Diretor de arte Phil Ormerod
Controlador de pré-produção Nikoleta Parasaki
Produtor sênior Gemma Sharpe
Editor de capa Maud Whatley
Designer de capa Mark Cavanagh

GLOBOLIVROS

Editor responsável Carla Fortino
Editor assistente Sarah Czapski Simoni
Tradução Rafael Longo
Revisão Laila Guilherme, Rebeca Michelotti e Lilian Queiroz
Editoração eletrônica Eduardo Amaral

Biografias dos filósofos escritas por Clive Gifford
Introdução (páginas 6-7) escrita por Stephen Law

Editora Globo S. A.
Rua Marquês de Pombal, 25 – 20.230-240
Rio de Janeiro – RJ – Brasil
www.globolivros.com.br

Texto fixado conforme as regras do novo Acordo Ortográfico da Língua Portuguesa (Decreto Legislativo Nº 54, de 1995)

Publicado originalmente na Grã-Bretanha em 2014 por Dorling Kindersley Limited, 80 Strand, Londres WC2R 0RL

Copyright © 2014 by Dorling Kindersley Limited
Uma empresa Penguin Random House

2ª edição, 2018
Impressão e acabamento: Ipsis

Copyright da tradução © 2014 by Editora Globo

CIP-BRASIL. CATALOGAÇÃO NA PUBLICAÇÃO
SINDICATO NACIONAL DOS EDITORES DE LIVROS, RJ

W413f
Weeks, Marcus
Se liga na filosofia / Marcus Weeks ; ilustração Daniela Boraschi ... [et al.] ; tradução Rafael Longo. - 2. ed. - Rio de Janeiro : Globo, 2018.
160 p. : il. ; 24 cm.

Tradução de: Heads up philosophy
ISBN 978-85-250-6702-9

1. Filosofia. I. Título.
14-13132   CDD: 100   CDU: 1

Todos os direitos reservados. Nenhuma parte desta edição pode ser utilizada ou reproduzida – por qualquer meio ou forma, seja mecânico ou eletrônico, fotocópia, gravação etc. – nem apropriada ou estocada em sistema de banco de dados sem a expressa autorização da editora.

**Saiba mais em
www.dk.com**

SE LIGA NA FILOSOFIA

ESCRITO POR
MARCUS WEEKS

CONSULTORIA DE
STEPHEN LAW

Sumário

06 O que é FILOSOFIA?

08 O que os FILÓSOFOS FAZEM?

O que é CONHECIMENTO?

12 A NECESSIDADE de CONHECER

14 Como é que você SABE?

16 De onde veio essa IDEIA?

18 Não confie em seus SENTIDOS

20 O conhecimento vem do RACIOCÍNIO

22 Biografia: DAVID HUME

24 Aprendemos com a EXPERIÊNCIA

26 Não aceite NADA como dado

28 ACREDITAR não é o mesmo que SABER

30 Biografia: IMMANUEL KANT

32 NUNCA dá para conhecer TUDO

34 Será que um dia conheceremos a VERDADE?

36 Filosofia e conhecimento NA PRÁTICA

O que é a REALIDADE?

40 De que é feito o UNIVERSO?

42 Existe uma ESTRUTURA para o universo?

44 O que é REAL?

46 Será que o mundo que conhecemos é uma ILUSÃO?

48 Biografia: PLATÃO

50 Como sabemos se alguma coisa EXISTE?

52 DEUS existe?

54 A CIÊNCIA não tem todas as respostas

56 Biografia: TOMÁS DE AQUINO

58 O que é o TEMPO?

60 Qual é o sentido da minha EXISTÊNCIA?

62 A metafísica NA PRÁTICA

O que é a MENTE?

66 Existe essa coisa chamada alma IMORTAL?

68 A sua MENTE é separada do seu corpo?

70 O que é a CONSCIÊNCIA?

72 Biografia: RENÉ DESCARTES

74 Os ANIMAIS também têm pensamentos e sentimentos

76 Você SENTE como eu sinto?

78 O que FAZ você ser VOCÊ?

80 Biografia: THOMAS HOBBES

82 Será que os COMPUTADORES pensam?

84 Será que a ciência é capaz de explicar como nossa MENTE FUNCIONA?

86 Filosofia da mente NA PRÁTICA

O que é RACIOCÍNIO

90 Verdadeiro ou falso? PROVE...

92 O que é um ARGUMENTO LÓGICO?

94 Existem tipos diferentes de VERDADE?

96 Biografia: ARISTÓTELES

98 O que faz um BOM ARGUMENTO?

100 O que a LÓGICA tem a ver com a ciência?

102 Podemos CONFIAR no que a CIÊNCIA nos diz?

104 Use o SENSO COMUM!

106 Biografia: LUDWIG WITTGENSTEIN

108 O que a LÓGICA pode nos dizer?

110 Deve haver uma explicação LÓGICA

112 Será que RAZÃO e FÉ são compatíveis?

114 A lógica NA PRÁTICA

O que é CERTO ou ERRADO?

118 Não existe o BEM e o MAL

120 O que é uma VIDA BOA?

122 Biografia: SÓCRATES

124 CERTO ou ERRADO: é tudo relativo...

126 Será que os fins JUSTIFICAM os meios?

128 Em que tipo de SOCIEDADE você gostaria de viver?

130 Biografia: HANNAH ARENDT

132 O que torna uma sociedade CIVILIZADA?

134 É possível ter LIBERDADE e JUSTIÇA?

136 Não temos direitos IGUAIS

138 Biografia: SIMONE DE BEAUVOIR

140 O que DEUS tem a ver com isso?

142 Estamos brincando de Deus?

144 O que é a ARTE?

146 Filosofia moral e política NA PRÁTICA

148 Diretório de filósofos

153 Glossário

156 Índice e agradecimentos

O que é **FILOSOFIA**?

POR QUE AS COISAS EXISTEM? O QUE FAZ AS COISAS SEREM CONSIDERADAS CERTAS OU ERRADAS? SERÁ QUE DEUS EXISTE? AO TENTAR ENTENDER A NATUREZA FUNDAMENTAL DO CONHECIMENTO, DA REALIDADE E DA EXISTÊNCIA, A FILOSOFIA TRATA DE ALGUNS DOS MAIORES MISTÉRIOS DA EXISTÊNCIA HUMANA. MUITAS DESSAS QUESTÕES INTRIGARAM OS FILÓSOFOS POR SÉCULOS. A FILOSOFIA SE DESENVOLVEU PARA QUESTIONAR O QUE AS PESSOAS COM FREQUÊNCIA ASSUMEM COMO CERTO.

Muitas questões filosóficas parecem estar além do escopo da ciência. Consideremos as questões morais como exemplo. É verdade que os cientistas podem fazer descobertas moralmente significativas. Eles são capazes de fabricar armas nucleares ou nos capacitar a desenvolver um bebê com determinada cor de olhos ou de cabelo. Mas a ciência não é capaz de nos dizer se devemos ou não usar tais tecnologias novas. A ciência, ao que parece, está fatalmente restrita a nos dizer como as coisas *são*, ao passo que a filosofia moral trata de como as coisas *deveriam* ser. A prática filosófica implica tentar descobrir, da melhor forma possível, o que é verdadeiro ao usarmos nosso poder da razão – ou do pensamento lógico. É uma atividade: uma maneira interessante de aprender como pensar bem sobre qualquer coisa. As habilidades que se desenvolvem ao filosofar são úteis em todas as áreas, desde fazer uma apresentação

Introdução

até negociar um importante acordo empresarial. Os filósofos também questionam nossas crenças. Talvez não percebamos, mas todos temos várias crenças filosóficas. Elas incluem, é claro, as crenças morais: muitos acreditam que o universo foi criado por Deus e que existe alguma forma de vida após a morte. Outros acreditam o contrário disso. Com frequência, adquirimos crenças de nossas culturas, comunidades e tradições. Mas tais crenças podem mudar. Há não muito tempo, a maioria dos ocidentais achava que era moralmente aceito possuir escravos, além de proibir as mulheres de votar. Hoje já não pensamos assim. É papel do filósofo estabelecer se tais crenças são ou não verdadeiras. Agindo assim, os filósofos podem ser considerados um estorvo. Mas é importante que façamos tais perguntas. Afinal de contas, as respostas a elas são muito importantes.

O que os FILÓSOFOS FAZEM?

COMO POSSO APRENDER FILOSOFIA?

Cursos acadêmicos

Muitas escolas, faculdades e universidades oferecem cursos de filosofia visando a uma qualificação profissional. A filosofia é ensinada, às vezes, como parte de outras disciplinas, como política, economia, teologia e psicologia.

Grupos de discussão

Cresce o interesse pela filosofia como hobby, o que aumenta a popularidade de grupos filosóficos informais nos quais pessoas que pensam de modo parecido podem se reunir para discutir o tema. Também há cursos noturnos em várias localidades.

QUAIS HABILIDADES A FILOSOFIA PODE ME DAR?

Pensamento claro

A filosofia tem a ver com racionalismo – ou pensamento racional. Aprender filosofia e discutir problemas filosóficos com os outros são bons exercícios para a mente e nos ensinam as habilidades necessárias para um pensamento claro e lógico.

Habilidades de apresentação

O debate filosófico é uma boa maneira de desenvolver as habilidades para apresentar um ponto de vista. Além de garantir boas razões para uma opinião, um ponto de vista convincente deve ser apresentado de forma lógica, com linguagem não ambígua.

QUAIS CARREIRAS PODEM SER EXERCIDAS POR FILÓSOFOS?

Direito

As habilidades de argumentação e o conhecimento da filosofia moral são muito úteis na área jurídica. Assim como advogados e juízes, os filósofos se tornaram negociadores e consultores sobre ética na ciência, na medicina e nos negócios.

Políticas públicas

Alguns filósofos exercem carreira como políticos e ativistas. Muitos também atuam como consultores de governos no que se refere a políticas econômica, social e internacional, e em como aplicá-las.

Introdução

POUCAS PESSOAS CONSEGUEM SE SUSTENTAR COMO FILÓSOFOS EM TEMPO INTEGRAL, QUER SEJA ESCREVENDO LIVROS FILOSÓFICOS, LECIONANDO OU PESQUISANDO EM UNIVERSIDADES. ESTUDAR FILOSOFIA, NO ENTANTO, AJUDA A DESENVOLVER HABILIDADES QUE SÃO ÚTEIS EM VÁRIAS ÁREAS, POR ISSO OS FILÓSOFOS COSTUMAM SEGUIR UMA AMPLA VARIEDADE DE CAMINHOS PROFISSIONAIS. ALÉM DISSO, VÁRIAS PESSOAS GOSTAM DA FILOSOFIA POR SI SÓ, COMO UM HOBBY PARA AS HORAS VAGAS.

Existem revistas de filosofia voltadas ao público em geral e também conteúdos on-line em vários blogs sobre filosofia.

Revistas e blogs

Independentemente de como se escolhe aprender filosofia, também é possível buscar livros de filósofos em bibliotecas ou livrarias. Também existem várias enciclopédias e dicionários sobre o tema, sendo que alguns dos melhores estão disponíveis on-line.

Livros

Uma das principais habilidades da filosofia é ser capaz de reconhecer as forças e as fraquezas de um argumento. Com frequência, isso inclui ver as coisas de dois pontos de vista diferentes e encontrar o caminho do meio entre duas visões opostas.

Negociação e mediação

A lógica, em especial, nos ensina habilidades de raciocínio práticas, técnicas que nos ajudam a tomar decisões racionais. Elas são úteis para lidar com as tarefas de forma sistemática e metódica, bem como na organização e no planejamento para a solução de problemas.

Solução de problemas

Acima de tudo, a filosofia nos ensina a não aceitar simplesmente a sabedoria convencional. Os filósofos exigem uma justificativa racional em vez de fé ou preconceito e, ao mesmo tempo que desafiam crenças, são capazes de oferecer novas ideias.

Pensamento independente

Repórteres, jornalistas, comentaristas políticos e editores precisam ser capazes de ir até o cerne de uma história rapidamente e apresentá-la de maneira clara. A filosofia oferece uma série de habilidades exigidas na carreira de jornalismo.

Jornalismo

Enquanto alguns filósofos escolheram se tornar empreendedores, muitos outros acreditam que a filosofia lhes deu habilidades que podem ser aplicadas ao marketing ou à propaganda, em empresas ou em recursos humanos.

Negócios

A filosofia da mente tem conexões óbvias com a psicologia, e muitos psicólogos e neurocientistas estudaram filosofia. Alguns alunos de filosofia também passaram por um treinamento para se tornarem psicoterapeutas e orientadores.

Saúde mental

Assim como os filósofos profissionais, que normalmente atuam em universidades e faculdades, há vários alunos de filosofia trabalhando com educação, bem como professores em várias disciplinas que também pensam a teoria educacional.

Educação

A NECESSIDADE de CONHECER

Como é que você SABE?

De onde veio essa IDEIA?

Não confie em seus SENTIDOS

O conhecimento vem do RACIOCÍNIO

Aprendemos com a EXPERIÊNCIA

Não aceite NADA como dado

ACREDITAR não é o mesmo que CONHECER

NUNCA dá para conhecer TUDO

Será que um dia conheceremos a VERDADE?

A epistemologia é o ramo da filosofia que se ocupa do conhecimento: o que é conhecimento e como o adquirimos. As maiores áreas de debate são sobre quanto podemos conhecer as coisas por meio de nossa experiência do mundo e quanto podemos conhecer por meio do raciocínio – além de sabermos se há limites para o que podemos conhecer.

A NECESSIDADE de CONHECER

QUESTIONAR FAZ PARTE DA NATUREZA HUMANA. TEMOS A NECESSIDADE DE CONHECER O MUNDO AO NOSSO REDOR E NOSSO LUGAR NELE, BEM COMO A MANEIRA COMO PENSAMOS E NOS COMPORTAMOS. NOSSA BUSCA POR CONHECIMENTO DEMANDA EXPLICAÇÕES – INCLUINDO A DE COMO CHEGAMOS A CONHECER AS COISAS E SE PODEMOS ESTAR CERTOS DO QUE SABEMOS.

Veja também: 14-15, 16-17

Crenças tradicionais

Há muito tempo, as pessoas questionavam e tentavam entender o mundo em que viviam. Elas buscavam explicações, especialmente sobre os fenômenos que afetavam sua vida – por exemplo, a mudança das estações e quando as plantas cresciam e morriam, o nascer e o pôr do sol e os movimentos da Lua e das estrelas. Para os povos pré-históricos, isso era um tipo de magia e quase sempre era explicado pela atuação de forças sobrenaturais. As religiões e os mitos evoluíram com a tentativa de explicar não apenas o mundo físico, mas também a maneira como nos comportamos, segundo as leis que nos foram dadas pelos deuses. E, conforme se constituíram as civilizações, essas crenças tradicionais formaram a base das culturas, um arcabouço para a sociedade, e foram passadas de geração em geração quase sem nenhum questionamento. Mas, conforme as sociedades foram ficando mais sofisticadas, algumas pessoas descobriram que a tradição não mais satisfazia sua curiosidade – em vez de aceitar crenças convencionais, elas queriam descobrir suas próprias respostas.

Explicações racionais

Foi com base nesse desejo de conhecer o mundo, e não apenas na crença do que a religião ou a tradição lhes dizia, que surgiram os primeiros filósofos na Grécia antiga. Eles desafiaram as ideias aceitas e buscaram respostas alternativas a suas questões ao examinar o mundo e usar sua habilidade de pensar – conhecida como razão. Assim, sentiam que as explicações racionais lhes dariam o conhecimento, em vez da simples crença.

> **O RACIOCÍNIO É IMORTAL, E TODO O RESTO É MORTAL.**
> **PITÁGORAS**

Epistemologia

DESTRANCAMOS O CONHECIMENTO DE DIVERSAS FORMAS...

◉ A chave perdida?
Os primeiros filósofos desafiaram as explicações tradicionais do mundo no qual viviam. Eles buscavam explicações alternativas e usavam o raciocínio para examinar o mundo de uma nova maneira.

> **MUITAS COISAS IMPEDIAM O CONHECIMENTO, INCLUINDO O GRAU DE DIFICULDADE DO ASSUNTO E A BREVIDADE DA VIDA HUMANA.**
> **PROTÁGORAS**

Os primeiros filósofos tentaram achar explicações para o que constituía o mundo e sua estrutura, numa busca que evoluiu para os ramos da ciência. Os filósofos que vieram depois, por outro lado, tentaram dar explicações racionais sobre como deveríamos viver nossa vida, e a natureza da realidade e de nossa existência como alternativas à crença tradicional. Essa forma de examinar e tentar entender o mundo por meio do raciocínio, em especial com o encorajamento à discussão e ao debate, é o cerne da filosofia, que até hoje questiona as convenções da sociedade em que vivemos.

O problema do conhecimento

Se por um lado a filosofia surgiu de nosso desejo por conhecimento, os filósofos também voltaram sua atenção para o próprio conhecimento. Eles começaram a achar que não bastava dizer que "é assim que as coisas são", ou até mesmo explicar por que eles achavam isso – era preciso examinar como chegamos a esse conhecimento. Quando a civilização grega chegou ao seu ápice com o surgimento da cidade-estado de Atenas, os filósofos começaram a questionar o que queríamos dizer ao falar que conhecemos algo e o que é, na verdade, o conhecimento. Esse se tornou o berço do ramo da filosofia chamado epistemologia, que se preocupa com todos os aspectos do conhecimento: como o adquirimos, como podemos estar certos do que conhecemos e se há algo que jamais poderemos conhecer.

> A palavra "filosofia" vem de uma palavra grega que quer dizer "amor à sabedoria".

NO COMEÇO

Ao mesmo tempo que surgiam as cidades-estado na Grécia antiga, também se desenvolveram sociedades civis na China e na Índia. Elas produziram pensadores, incluindo Kong Fuzi (Confúcio) e Siddharta Gautama (o Buda), mas elas seguiram uma abordagem totalmente diferente. Na filosofia oriental o foco está, principalmente, em questões sobre como podemos viver uma vida boa e como organizar a sociedade, uma vez que os limites entre filosofia e religião são menos claros que na filosofia ocidental.

O que é conhecimento?

Como é que você SABE?

COM FREQUÊNCIA DIZEMOS QUE SABEMOS ALGO QUANDO NA VERDADE ESTAMOS SIMPLESMENTE ACEITANDO AS OPINIÕES DE TERCEIROS OU UMA EXPLICAÇÃO CONVENCIONAL. PARA OS FILÓSOFOS, NÃO BASTA ACEITAR QUE ALGO É VERDADEIRO. ELES PRECISAM TER BOAS RAZÕES PARA ACREDITAR NISSO, SUSTENTADAS POR ARGUMENTOS CONVINCENTES.

Sócrates era tanto sábio quanto honesto – antes de ser sentenciado à morte, ofereceu um galo como pagamento à sua última dívida.

Descobrindo verdades por meio da razão

Não satisfeitos com as explicações convencionais ou religiosas, os primeiros filósofos da Grécia Antiga usavam o raciocínio para tentar entender o mundo. Eles formaram novas ideias a respeito da estrutura do mundo e desenvolveram argumentos racionais para sustentar suas teorias. Disso surgiu a noção de

> **AO CERTO, NENHUM HOMEM SABE COISA ALGUMA NEM HÁ DE SABER.**
> XENÓFANES

que, para conhecer algo, em vez de simplesmente acreditar que esse algo é verdade, é necessário usar a razão. Portanto, com base nisso, a razão é a fonte de todo o nosso conhecimento real. Mas nem todos os filósofos da Grécia Antiga supunham que conseguiriam responder as grandes questões só com o pensamento. Xenófanes, por exemplo, concordava com a importância do pensamento racional, mas defendia que ele precisava ser apoiado em evidências do mundo exterior para evitar que fosse apenas especulação.

Não sabemos nada

Aos poucos, a ênfase na discussão filosófica mudou de questões da natureza do universo para questões de como conhecemos as coisas: não apenas temos certeza do que sabemos, mas também de como chegamos a conhecer as coisas – de onde vem nosso conhecimento. Quase na mesma época em que Atenas se tornava o centro cultural da Grécia Antiga no século V a.C. os filósofos ficaram mais interessados em questões humanas, como a moral e a política, e no problema do conhecimento. Quem mais se destacou foi Sócrates, que questionou as ideias e as crenças convencionais, usando sua habilidade de raciocínio para estabelecer o que sabemos e o que não sabemos. Seu método era discutir com outras pessoas sobre o que elas acreditavam que sabiam, mas, para remover todas as ideias preconcebidas, adotou a postura de que ele mesmo não sabia nada. A partir daí, desafiava todas as ideias e pressuposições da pessoa com quem conversava, apontando as contradições e as limitações de seus argumentos, mostrando as limitações de seu conhecimento. O que Sócrates demonstrou de forma mais eficiente, no entanto, foi o poder do raciocínio para expor as fraquezas do

Epistemologia

QUANTO A MIM, SÓ SEI QUE NADA SEI.
SÓCRATES

O MAIS SÁBIO DE TODOS
O oráculo de Delfos disse que não havia ninguém mais sábio que Sócrates, mas o próprio Sócrates sempre declarou que não sabia nada – como, então, era o mais sábio? Entretanto, quando discutia filosofia com os principais homens de Atenas, percebeu que eles apenas achavam que sabiam muito. Sócrates era mais sábio que eles porque sabia das limitações de seu conhecimento.

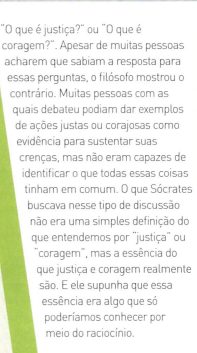

conhecimento pressuposto e como o pensamento racional é capaz de oferecer elementos para um conhecimento mais profundo das coisas.

Desafiando o conhecimento
Sócrates não apenas desafiava as crenças aceitas em seu tempo. Ele também tentava achar as verdades que podemos conhecer. Particularmente interessado em questões de moral e política, fazia perguntas do tipo: "O que é justiça?" ou "O que é coragem?". Apesar de muitas pessoas acharem que sabiam a resposta para essas perguntas, o filósofo mostrou o contrário. Muitas pessoas com as quais debateu podiam dar exemplos de ações justas ou corajosas como evidência para sustentar suas crenças, mas não eram capazes de identificar o que todas essas coisas tinham em comum. O que Sócrates buscava nesse tipo de discussão não era uma simples definição do que entendemos por "justiça" ou "coragem", mas a essência do que justiça e coragem realmente são. E ele supunha que essa essência era algo que só poderíamos conhecer por meio do raciocínio.

Veja também: 12-13, 20-21

◉ Questione tudo
Sócrates acreditava que nascemos sem saber nada, mas que adquirimos conhecimento ao questionar as crenças e as convenções que encontramos em cada um dos estágios de nossa vida.

De onde veio essa

UMA DAS QUESTÕES FUNDAMENTAIS DA EPISTEMOLOGIA, O RAMO DA FILOSOFIA QUE SE OCUPA DO CONHECIMENTO, É DE ONDE VEM O NOSSO CONHECIMENTO. DESDE O TEMPO DOS GREGOS ANTIGOS, OS FILÓSOFOS DISCUTIAM SE JÁ NASCEMOS COM O CONHECIMENTO DE ALGUMAS COISAS OU SE ELE VEM DA EXPERIÊNCIA.

Duas escolas de pensamento

As teorias de como adquirimos o conhecimento das coisas dividiram as opiniões dos filósofos em dois campos diferentes por quase toda a história da filosofia. Aqueles do primeiro campo defendiam que nascemos com a habilidade de raciocinar, e é essa habilidade inata que nos permite adquirir conhecimento. O racionalismo, a visão de que a razão é a principal fonte de nosso conhecimento, considera a realidade como sendo feita de verdades que podemos descobrir por meio do raciocínio. Para os do segundo campo, por outro lado, não temos nenhuma habilidade ou conhecimento inato, e nosso conhecimento é aprendido a partir de nossa experiência do mundo. Essa visão, conhecida como empirismo, considera a informação que coletamos por meio de nossos sentidos a fonte primária do conhecimento.

A palavra "epistemologia" vem de duas palavras gregas e quer dizer "estudo do conhecimento".

JÁ NASCEMOS COM CONHECIMENTO...

O QUE CHAMAMOS DE APRENDIZADO É SÓ UM PROCESSO DE REMINISCÊNCIA.
PLATÃO

Descobrindo o aprendizado inato

Entre os primeiros filósofos da Grécia Antiga, a ênfase da epistemologia estava no poder do raciocínio. Eles acreditavam que o conhecimento só poderia ser adquirido pela razão. Platão demonstrou isso ao contar uma história de Sócrates discutindo um problema com um jovem escravo que nunca havia aprendido geometria. Ao observar Sócrates desenhando diagramas na areia, o rapaz entendeu como o problema poderia ser resolvido pelo raciocínio. Sócrates não lhe contou a solução do problema, mas o rapaz sabia que havia encontrado a solução. Platão argumentou que o rapaz não tinha nenhuma experiência no problema ou em sua solução, e concluiu que esse era um conhecimento que ele já tinha – o conhecimento inato, que ele acessou pelo raciocínio. Nascemos com o conhecimento de certas verdades, propôs, que existem num "Mundo das Ideias",

Epistemologia

IDEIA?

... OU APRENDEMOS A PARTIR DO QUE EXPERIMENTAMOS?

⬅ Qualquer ideia?

Platão e os racionalistas acreditavam que nascemos com conhecimento, o qual restauramos pelo raciocínio. Mas Aristóteles e os empiristas argumentavam que adquirimos todo o conhecimento do mundo exterior por meio de nossos sentidos.

disso, acreditava que nascemos sem saber nada e que o nosso conhecimento é construído sobre o que aprendemos com nossa experiência do mundo. Tal argumento empírico voltou à tona depois do período medieval, com o advento das descobertas científicas baseadas na observação (ou experiência), em vez de na teorização (o raciocínio sobre aquilo que conhecemos).

René Descartes voltou às ideias de Platão no século XVII, despertando a reação de John Locke, que, como Aristóteles, rejeitava a noção racionalista do conhecimento inato. Um dos mais destacados filósofos empiristas, Locke acreditava que o conhecimento do mundo exterior vem da experiência dele, e a única interface direta entre nossa mente e o mundo exterior são os nossos sentidos. Podemos usar a razão para racionalizar a informação a partir de nossos sentidos e formular ideias, mas qualquer coisa que não se origine de nossa experiência sensorial não tem ligação com a realidade externa e é incapaz de nos dar qualquer conhecimento sobre ela.

Veja também: 18-19, 20-21, 24-25 ➡

separado do mundo dos sentidos. Essas verdades são a fonte de todo o nosso conhecimento, em vez daquilo que experimentamos com os nossos sentidos.

Uma conexão com a realidade

Se por um lado as ideias de Platão sobre o conhecimento foram aceitas por muitos filósofos por vários séculos, um de seus pupilos ofereceu uma visão diferente. Aristóteles não aceitava que temos um conhecimento inato. Em vez

> **TODOS OS HOMENS, POR NATUREZA, DESEJAM CONHECER.**
> ARISTÓTELES

NOVAS IDEIAS

Tanto Platão como Aristóteles fundaram escolas de filosofia, a Academia e o Liceu, não para ensinar seus pontos de vista específicos, mas para inspirar a discussão filosófica. Apesar de os filósofos discordarem da fonte original do conhecimento, é quase universalmente aceito que é por meio do raciocínio, e em especial da argumentação e do debate filosófico, que surgem novas ideias.

AS COISAS DEIXAM DE EXISTIR ASSIM QUE PARAMOS DE OLHAR PARA ELAS?

Um mundo que desaparece ❯
Alguns filósofos acreditam que só podemos obter conhecimento por meio de nossos sentidos. George Berkeley chegou a duvidar da existência de qualquer coisa material: se não podemos sentir as coisas, como podemos saber que elas existem?

Não confie em

TEMOS A TENDÊNCIA DE ACEITAR QUE NOSSOS SENTIDOS NOS DÃO UMA IDEIA UM TANTO PRECISA SOBRE O MUNDO AO NOSSO REDOR: "VER PARA CRER". MAS TAMBÉM SABEMOS QUE ELES PODEM SER ENGANADOS, POR EXEMPLO, POR ILUSÕES DE ÓTICA. ISSO FAZ COM QUE OS SENTIDOS SEJAM UMA FONTE NÃO CONFIÁVEL DE CONHECIMENTO? SE ELES PODEM SER ENGANADOS, TALVEZ NÃO POSSAMOS CONFIAR EM NADA QUE APRENDEMOS COM ELES.

Um mundo imperfeito
Platão foi um dos primeiros filósofos a atacar o problema da falta de confiança em nossos sentidos como fonte de conhecimento. Assim como seu mentor, Sócrates, ele se dispôs a mostrar que muitas das coisas que as pessoas tomam como certas – as quais elas pensam que sabem – estão baseadas em fontes não confiáveis. Ele argumentou que não apenas os nossos sentidos nos decepcionam, mas também que o mundo no qual vivemos e experimentamos com nossos sentidos é imperfeito. Por exemplo, quando vemos um círculo desenhado em uma folha de papel, nós o reconhecemos como um círculo. Mas ele não é um círculo perfeito – não importa o cuidado para desenhá-lo, um círculo perfeito não pode existir no mundo em que vivemos. Nada, afirmou Platão, existe em sua forma perfeita, ideal, em nosso mundo. Este é um mundo ilusório, feito de versões imperfeitas das coisas, e o que aprendemos sobre ele por meio de nossos sentidos também deve ser um conhecimento imperfeito.

Nossos sentidos podem ser enganados
A ideia de que nossos sentidos podem nos iludir foi mais tarde assumida pelo filósofo e matemático francês René Descartes. Ele percebeu que, às vezes, nossos sentidos nos dão uma falsa impressão – uma varinha reta num

---

Veja também: 14-15, 16-17, 20-21, 24-25, 44-45

> George Berkeley chegou cedo ao seu apogeu. Ele escreveu todas as suas obras mais conhecidas entre os vinte e os trinta anos.

TUDO AQUILO QUE ENGANA PARECE LIBERTAR UM ENCANTO.
PLATÃO

Epistemologia

seus SENTIDOS

> **OS SENTIDOS NOS ENGANAM ÀS VEZES, E É PRUDENTE NUNCA CONFIAR INTEIRAMENTE NAS COISAS QUE NOS ENGANARAM UMA VEZ.**
> **RENÉ DESCARTES**

copo d'água parece estar torta, por exemplo. E, se sabemos que eles não são confiáveis, seria errado confiar neles de forma absoluta – tudo o que experimentamos com nossos sentidos pode ser falso. Pode até ser que estejamos dormindo e o mundo que experimentamos não passe de um sonho, ou que Deus ou algum poder traiçoeiro possam estar nos fazendo acreditar em coisas que não são totalmente verdadeiras. Sendo esse o caso, nunca poderemos ter certeza de nada. Mas Descartes mostrou que há algo de que podemos ter certeza. Para ser enganada, a pessoa tem que existir, e ela existe como algo que pensa. Assim, apesar de seus sentidos não serem confiáveis, ela ainda pode ter certeza de que existe e é capaz de pensar e raciocinar.

Só as coisas que experimentamos existem

Apesar de muitos filósofos do século XVII terem aceitado o argumento de Descartes, nem todos concordaram com ele. Alguns, especialmente na Grã-Bretanha, aceitaram que nossos sentidos podem não ser confiáveis, porém acreditavam que fossem nossa única fonte de conhecimento. Temos o poder do raciocínio, mas isso não nos dá o conhecimento – ele é o que usamos para dar sentido às informações que chegam a nós através dos nossos sentidos. Só podemos conhecer coisas que experimentamos e só podemos experimentá-las por meio de nossos sentidos. Essa visão, o empirismo, foi levada ao limite pelo bispo George Berkeley. Adquirimos conhecimento a partir de nossa experiência das coisas, mas, sugeriu, tudo o que experimentamos são as ideias daquelas coisas em nossa mente. Não temos nenhuma base real para acreditar que exista qualquer coisa além dessas ideias. As únicas coisas que podemos ter certeza que existem são as ideias e a mente que as percebem – de acordo com Berkeley, nada material existe.

O DEMÔNIO DA ENGANAÇÃO

René Descartes queria imaginar uma situação na qual seria absolutamente impossível confiar em qualquer coisa que seus sentidos lhe mostrassem. Para tal, desenvolveu um experimento mental – uma situação imaginária – no qual um demônio maligno tinha o poder de iludi-lo e fazê-lo acreditar em algo, mesmo que não fosse verdade.

O conhecimento vem

APESAR DE PARECER QUE ENTENDEMOS O MUNDO A PARTIR DO QUE VEMOS, OUVIMOS, TOCAMOS, SABOREAMOS OU CHEIRAMOS, NOSSOS SENTIDOS NÃO SÃO PERFEITOS E NOS DÃO UMA IDEIA IMPERFEITA DA REALIDADE. MAS TEMOS OUTRA FACULDADE, NOSSA HABILIDADE DE USAR O PENSAMENTO RACIONAL, A QUAL MUITOS FILÓSOFOS VEEM COMO UMA FONTE MAIS CONFIÁVEL DE CONHECIMENTO.

> Platão defendia que homens e mulheres têm o mesmo poder intelectual e deveriam receber a mesma educação.

Todos os objetos têm uma forma ideal

A ideia de que o que experimentamos do mundo é enganoso é um tema central na filosofia de Platão. Ele defendeu que os nossos sentidos nos dão uma mera impressão da realidade e que é apenas por meio do raciocínio, ou do pensamento lógico, que podemos conquistar o conhecimento da verdadeira natureza das coisas. Seu mentor, Sócrates, fazia perguntas como "O que é justiça?" ou "O que é virtude?" para tentar encontrar sua natureza ou essência. Em vez de simplesmente apontar exemplos de justiça ou virtude, Sócrates pensava que deveria haver uma forma ideal dessas coisas. Platão levou essa ideia além. Ele acreditava que não há apenas formas ideais ou coisas abstratas como justiça ou virtude, mas que existem formas ideais de objetos também, e o que experimentamos com nossos sentidos são apenas reflexões imperfeitas dessas formas. Por exemplo, quando vemos uma cadeira, nós a reconhecemos como uma cadeira, mesmo havendo uma infinidade de cadeiras diferentes no mundo. Isso se dá, defendia ele, porque temos uma ideia em nossa mente sobre uma cadeira ideal, e a cadeira que vemos é um exemplo – uma "cópia" imperfeita – daquela forma ideal.

O Mundo das Ideias

Platão explicou que essas formas perfeitas das coisas existem de fato, mas num mundo separado daquele em que vivemos. Nosso mundo contém apenas sombras imperfeitas das formas ideais. Mas, apesar de esse Mundo das Ideias, ou Formas, como ele o chamava, ser fora do tempo e do espaço, temos acesso a ele porque nascemos com um conhecimento daquelas ideias perfeitas. Podemos, por exemplo, reconhecer um triângulo, mesmo quando seus lados não estão perfeitamente retos, porque temos uma ideia inata em nossa mente que se assemelha a um triângulo perfeito. Além disso, pelo raciocínio, podemos

O CONHECIMENTO TERRENO NÃO PASSA DE UMA SOMBRA.
PLATÃO

Epistemologia

do RACIOCÍNIO

> O RACIOCÍNIO DÁ FORMA AO NOSSO CONHECIMENTO.

◉ Sombras perfeitas
Platão acreditava que, apesar de podermos identificar círculos e quadrados, por exemplo, eles são reflexos imperfeitos de formas perfeitas. Círculos e quadrados perfeitos não existem no mundo em que vivemos.

deduzir que os três ângulos daquele triângulo somam 180°, uma linha reta, e sabemos que isso é verdade. Platão considerava nosso mundo cotidiano como ilusório (não real) e que a realidade verdadeira só existia no Mundo das Ideias. E, enquanto nossos sentidos nos dão uma imagem imperfeita de um mundo de sombras, o verdadeiro conhecimento da realidade só pode ser adquirido através do raciocínio.

Dois mais dois são sempre quatro

A noção de Platão de o pensamento racional ser a principal fonte de nosso conhecimento também estava no cerne da abordagem filosófica iniciada por René Descartes no século XVII. Descartes assumiu a postura de que, já que nossos sentidos podem ser enganados, as únicas coisas que podemos conhecer verdadeiramente são aquelas que aprendemos a partir do raciocínio. Como um grande matemático, ele reconhecia que as verdades matemáticas, especialmente na geometria, podem ser descobertas simplesmente usando o pensamento racional – ao darmos passos lógicos de uma verdade para outra até chegarmos a uma conclusão. Também acreditava que tudo no universo tem uma estrutura lógica, que pode ser descoberta seguindo os mesmos princípios. O racionalismo, como essa visão passou a ser conhecida, atraía, em especial, os matemáticos, incluindo Bento Espinoza e Gottfried Leibniz, que seguiram o caminho de Descartes. Nos séculos XVII e XVIII, um período de grandes avanços na matemática, o racionalismo tornou-se a abordagem dominante da filosofia na Europa.

Veja também: 14-15, 18-19

A CAVERNA DE PLATÃO
Para explicar sua teoria do Mundo das Ideias, Platão contou a história dos prisioneiros mantidos numa caverna com as costas voltadas para a entrada. Atrás deles havia uma fogueira, que lançava sombras dos objetos na parede do fundo da caverna. Para os prisioneiros, essas sombras eram a única realidade que entendiam, a menos que se virassem e percebessem que eram apenas sombras de objetos reais.

O que é conhecimento?

DAVID HUME
1711–1776

O filósofo escocês David Hume tinha apenas 12 anos quando entrou na Universidade de Edimburgo. Estudou direito, mas preferia a filosofia. Depois de trabalhar como contínuo em Bristol e ter estudado em La Flèche, a faculdade que René Descartes havia frequentado um século antes, Hume refinou e divulgou sua filosofia com relativo sucesso. Só depois de sua morte é que seu verdadeiro valor veio à tona.

JOVEM AUTOR

Levando uma vida simples, Hume completou o *Tratado da natureza humana* antes de fazer 30 anos. Ele o publicou em 1739-1740 e recebeu algumas críticas mornas, apesar de ter se tornado uma obra de enorme importância. Destemido, Hume publicou volumes de ensaios e simplificou seus primeiros trabalhos, transformando-os em publicações bem recebidas, como a *Investigação sobre o entendimento humano* (1748).

Depois de não poder pegar emprestado alguns livros da biblioteca onde trabalhava, como protesto Hume deu seu salário ao poeta cego Thomas Blacklock.

Epistemologia

EMPIRISMO E UTILIDADE

Hume era um empirista que acreditava que o conhecimento significativo da realidade só poderia ser alcançado através dos sentidos. Essas percepções, no entanto, eram individuais e não universais. Ele também sugeriu que as paixões humanas, não a razão, governavam o comportamento, e que os princípios morais não eram baseados na vontade de Deus, mas na sua utilidade para as pessoas.

O HISTORIADOR BEST-SELLER

Hume fracassou em conseguir uma posição nas universidades de Glasgow e Edimburgo, de modo que trabalhou como bibliotecário na Edinburgh Faculty of Advocates a partir de 1752. Tendo acesso aos 30 mil livros da biblioteca, Hume pesquisou e escreveu a monumental obra de seis volumes *History of England* (1754). Contendo mais de 1 milhão de palavras, ela acabou sendo um best-seller inesperado e foi reimpressa pelo menos 100 vezes.

> "**A razão é**... a **escrava das paixões** e nunca deve pretender ter nenhum outro ofício senão **servi-las** e **obedecê-las**."

RELEGANDO A RELIGIÃO

Ainda criança, Hume frequentava a igreja, mas depois de adulto deixou muitos com raiva ao argumentar que o conhecimento não é recebido de Deus, mas resultado das experiências. Ele criticou as bases de algumas religiões e, no *Tratado da natureza humana*, escreveu: "De forma geral, os erros na religião são perigosos; os da filosofia são apenas ridículos".

Aprendemos com a EXPERIÊNCIA

ENQUANTO VÁRIOS FILÓSOFOS NA HISTÓRIA ACHAVAM QUE O RACIOCÍNIO ERA A PRINCIPAL FONTE DE NOSSO CONHECIMENTO, OUTROS DEFENDIAM QUE O QUE CONHECEMOS DO MUNDO VINHA PRINCIPALMENTE DA EXPERIÊNCIA. NASCEMOS SEM SABER NADA E ADQUIRIMOS O CONHECIMENTO POR MEIO DO USO DE NOSSOS SENTIDOS.

> **A VERDADE RESIDE NO MUNDO AO NOSSO REDOR.**
> ARISTÓTELES

A tábula rasa

Desde o seu surgimento, na Grécia antiga, a filosofia se baseava no pensamento racional para oferecer respostas e explicações. O raciocínio era considerado tão importante – até mais que a experiência através de nossos sentidos imperfeitos – que Platão achava que todo o nosso conhecimento vinha da razão. Outros filósofos, no entanto, discordavam e achavam que nossa experiência no mundo também era importante no estabelecimento da verdade e na aquisição do conhecimento. Aristóteles, então, assumiu uma visão quase totalmente oposta à de Platão. Quando nascemos, afirmava ele, nossa mente é como uma tábula rasa com nada escrito, assim construímos nosso conhecimento do mundo em que vivemos a partir de nossa experiência nele – o que vemos, ouvimos, tocamos, saboreamos e cheiramos.

A essência das coisas

Aristóteles argumentava que aquilo que experimentamos no mundo em que vivemos não eram, como achava Platão, versões imperfeitas das formas ideais que existem num outro mundo. Em vez de termos uma ideia inata da forma perfeita de alguma coisa e depois reconhecermos exemplos imperfeitos dela, construímos uma ideia daquilo que a faz do jeito que é a partir de nossas experiências com vários exemplos dela. Por exemplo, ao ver muitos cachorros, aprendemos várias coisas que todos os cachorros têm em comum. Essas coisas formam aquilo que Aristóteles chamava de "forma" de um cachorro, sua essência, que não existe num outro mundo, mas que está presente em cada exemplo de cachorro. É a nossa experiência com exemplos particulares de coisas que nos dá o conhecimento de sua natureza essencial – não apenas os objetos no mundo natural, mas também os conceitos como justiça e virtude. Ao nascermos, não temos nenhuma ideia inata do certo e do errado, porém aprendemos a reconhecer as qualidades que seus exemplos têm em comum e construímos um entendimento do que eles são em essência.

Com a experiência vem o conhecimento

A noção de Aristóteles de que a experiência é a principal fonte de nosso conhecimento influenciou o desenvolvimento da ciência, sobretudo no final da Idade Média, quando as maiores descobertas científicas eram feitas por meio de

> **SUPONHAMOS QUE A MENTE SEJA UM PAPEL EM BRANCO, TOTALMENTE DESPROVIDA DE CARACTERES, SEM NENHUMA IDEIA; COMO ELA SERÁ PREENCHIDA?**
> JOHN LOCKE

Epistemologia

CONSTRUÍMOS A IDEIA DE UM CACHORRO A PARTIR DE DIFERENTES CACHORROS QUE JÁ VIMOS.

Aristóteles gostava de andar e falar. Para aprenderem, seus alunos tinham que segui-lo.

observação e experimento. Enquanto filósofos racionalistas como René Descartes eram inspirados pelo raciocínio abstrato da matemática, outros atribuíam a expressão do conhecimento sobre ciências naturais à experiência. Tal visão, conhecida como empirismo, era popular entre os filósofos britânicos como John Locke. Assim como Aristóteles, ele acreditava que nascemos sem nenhum conhecimento e que tudo o que conhecemos vem da informação coletada por nossos sentidos. Gradualmente, organizamos a informação para formar uma visão geral do mundo, ao associar coisas para formar ideias complexas e desenvolver nossa habilidade em aplicar a razão àquilo que experimentamos.

⬆ Juntando as peças

A partir de nossa experiência com muitos cachorros, podemos reconhecer as características que lhes dão sua "cachorrice", tais como o pelo e a cauda. Essa "forma" é comum a todos os cachorros e nos ajuda a identificar um mesmo quando vemos apenas uma parte dele.

AMANTE DA NATUREZA

Aristóteles foi um entusiasmado naturalista que fez um estudo detalhado da vida selvagem, classificando as plantas e os animais em diferentes grupos. Ele organizou essas categorias ao identificar certas características, como se um animal consegue voar ou nadar e se ele tem penas, escamas ou pelos. Todos então foram classificados em "famílias", reconhecíveis por suas características comuns.

Veja também: 18-19, 20-21

O que é conhecimento?

CERTEZA

NÃO PODEMOS CONHECER NADA COM CERTEZA...

Não aceite NADA

OS FILÓSOFOS NÃO ACEITAM SIMPLESMENTE AS AFIRMAÇÕES COMO VERDADE, MAS DESAFIAM A POSSIBILIDADE DE HAVER BASE PARA CREREM QUE ELAS SÃO VERDADEIRAS. A DÚVIDA É UMA FERRAMENTA ÚTIL NA FILOSOFIA, AJUDANDO A ESTABELECER O QUE É INDUBITÁVEL E O QUE NÃO É. MAS EXISTE ALGO SOBRE O QUAL PODEMOS TER CERTEZA?

> ## A DÚVIDA É A ORIGEM DA SABEDORIA.
>
> **RENÉ DESCARTES**

Do que podemos ter certeza?

Os filósofos, desde o tempo de Sócrates, têm debatido se podemos estar certos do que sabemos ou até mesmo se podemos chegar a conhecer algo. O próprio Sócrates assumiu a posição de que era possível ter conhecimento, mas para chegar a essa conclusão teve que partir do ponto de vista de que ele não sabia nada. Então tentava ganhar conhecimento ao discutir com as pessoas. Ao questionar tudo o que elas pensavam que sabiam, ele era capaz de apontar as inconsistências e as contradições de suas crenças. Um grupo tardio de filósofos gregos, os céticos, supunha que não podemos

> **Dizem que a esposa de Sócrates, Xantipa, foi a única pessoa que o derrotou num debate.**

ter certeza de algo ou conhecer coisa alguma. Mas nem todos os filósofos assumiram uma visão tão extrema. Alguns tomavam uma postura cética para ajudá-los a estabelecer o que podemos conhecer com certeza. Eles usaram a dúvida como ferramenta – aplicando-a a todas as crenças para descobrir a certeza de cada uma. Apesar de alguns céticos ainda defenderem que o conhecimento absoluto de qualquer coisa é impossível, outros acreditam que é possível saber algumas coisas, mas não outras. Certo grau de ceticismo é necessário para qualquer questionamento filosófico, até que se tenha um argumento ou uma evidência convincente de que alguma coisa é verdadeira acima de qualquer dúvida razoável.

Não duvido que existo

René Descartes assumiu a postura de cético para ver se podia encontrar uma base sólida para sua filosofia – algo de que não se pudesse duvidar. Ele criou uma situação imaginária, uma hipótese cética, na qual um demônio maligno o estava

Epistemologia

... ENTÃO, DEVERÍAMOS QUESTIONAR TUDO?

TEM CERTEZA?

como dado

enganando a ponto de ele duvidar de tudo o que os seus sentidos lhe diziam. Ao agir assim, ele de fato se colocou no lugar de um verdadeiro cético, duvidando da verdade de tudo, sem exceção. Mas percebeu que, por ser capaz de duvidar de tudo, ele teria que existir de modo a duvidar. O fato de sua existência foi a primeira coisa de que Descartes não podia duvidar – era uma verdade indubitável, sobre a qual poderia construir seu argumento.

Use seu bom senso

Um século depois, o filósofo escocês David Hume também adotou uma abordagem cética. Como empirista, ele achava que adquirimos nosso conhecimento pela experiência de nossos sentidos, mas também percebeu que esses não são perfeitos e podem nos dar informações falsas. Da mesma forma, reconheceu que o raciocínio lógico tampouco era confiável e concluiu que não somos capazes de conhecer nada com certeza absoluta. Por exemplo, ele achava ser impossível justificar nossa crença de que o sol nascerá amanhã tendo como base que ele sempre nasceu no passado. Mas admitiu que não há como não acreditar que o sol nascerá. Hume também argumentou que deveríamos "harmonizar

> **EM NOSSOS RACIOCÍNIOS A RESPEITO DOS FATOS, EXISTEM TODOS OS GRAUS IMAGINÁVEIS DE CERTEZA. UM HOMEM SÁBIO, PORTANTO, AJUSTA SUA CRENÇA À EVIDÊNCIA.**
> DAVID HUME

nossas crenças à evidência", acreditando quando há uma boa evidência para apoiar o que acreditamos e duvidando quando não há. A evidência dos milagres, por exemplo, é pobre, e qualquer alegação de que houve um milagre, contrariando as leis da natureza, provavelmente não é verdadeira. A explicação mais plausível é que nossos sentidos estão nos enganando ou que a pessoa que está nos contando o milagre é quem o está fazendo.

Veja também: 14-15, 18-19

REGRESSÃO INFINITA
Se questionarmos se uma afirmação é verdadeira ou não, estamos questionando se há um bom argumento a favor dela. O problema é que qualquer argumento que a sustente envolverá outras afirmações – algo que um cético dirá que também pode ser duvidado. E, para sustentá-las, oferecemos ainda mais afirmações, que podem ser duvidadas também. Esse processo sem fim é conhecido como regressão ao infinito.

O que é conhecimento?

ACREDITAR não é o mesmo que SABER

ACHAMOS QUE CONHECEMOS MUITAS COISAS, MAS TALVEZ ISSO NÃO SEJA TÃO SIMPLES ASSIM. PODERÍAMOS, POR ENGANO, ACREDITAR EM ALGO QUE DEPOIS SE MOSTRA NÃO SER VERDADEIRO, OU ACEITAR COMO FATO ALGO QUE ALGUÉM NOS CONTOU SEM VERIFICAR ANTES SE HÁ ALGUMA RAZÃO PARA ACREDITARMOS NISSO. A PERGUNTA É: QUANDO DE FATO SABEMOS ALGO?

Crença ou conhecimento?

Geralmente usamos a palavra "crença" quando falamos a respeito da fé religiosa: membros de uma crença religiosa em um deus (ou deuses) que acreditam no que é dito em suas escrituras sagradas. Na filosofia, investigamos se o que acreditamos é ou não verdadeiro. Os filósofos reconhecem que aceitamos muitas coisas como verdade – e muitas de nossas crenças podem, de fato, até ser verdadeiras. Mas isso não quer dizer que sabemos. As pessoas, com frequência, dizem que "simplesmente sabem" algumas coisas, e, se por um lado podem estar certas, nós instintivamente sentimos que na verdade elas não sabem, porque são incapazes de nos dar uma boa razão para acreditarmos

> **Aparência enganadora**
> Dirigindo nessa rua, talvez se justifique dizer que você acredita que essas casas são reais porque, do lado da frente, elas parecem reais. Mas as casas são falsas, logo essa não é uma crença verdadeira.

A CRENÇA DE QUE ESSAS CASAS SÃO REAIS NÃO É CONHECIMENTO.

Epistemologia

nisso. Outras pessoas dão razões para acreditar no que acreditam, mas suas razões não são tão boas. Então, parece certo dizer que elas não sabem de verdade.

Crença verdadeira justificada

Um dos primeiros filósofos a tentar examinar o que, exatamente, distingue saber de crer foi Platão, que classificou o conhecimento como "crença verdadeira justificada". Para conhecer algo, temos que acreditar que seja verdade, e devemos ter uma boa razão para acreditar que seja verdade, e isso pode de fato ser verdade. Por exemplo, posso realmente acreditar que exista um Papai Noel e crer nele porque já vi os presentes que ele deixa,

FÉ OU RAZÃO?
Os filósofos cristãos medievais se depararam com um conflito quando tentaram usar os argumentos filosóficos gregos para justificar suas crenças. Na filosofia oriental, no entanto, as crenças religiosas, tais como o ciclo de nascimento e renascimento, eram simplesmente aceitas como uma questão de fé em vez de um debate filosófico.

> **O CONHECIMENTO É A CRENÇA VERDADEIRA JUSTIFICADA.**
> PLATÃO

mas não é possível dizer que eu sei que ele existe porque, na verdade, ele não existe – não é uma crença verdadeira. Por outro lado, posso genuinamente acreditar que um dia eu ganharei na loteria, o que pode, de fato, vir a ser verdade, porém não tenho nenhuma justificativa para acreditar nisso, de modo que, mais uma vez, não posso dizer que sei isso. Para ser um conhecimento real, minha crença tem que ser tanto verdadeira quanto justificada.

O problema de Gettier

Muitos filósofos aceitaram a definição de conhecimento proposta por Platão como crença verdadeira justificada até os anos 1960, quando Edmund Gettier mostrou que ela nem sempre garantia uma explicação satisfatória. Ele listou vários exemplos nos quais instintivamente percebemos que alguém não conhece de verdade alguma coisa, mesmo que a crença daquela pessoa seja verdadeira e justificada. Por exemplo, combino de encontrar minha amiga Sue em sua casa e, quando chego lá, vejo-a pela janela sentada na cozinha. Na verdade, não é Sue que eu vejo, mas sua gêmea idêntica – Sue está em outro cômodo. Minha crença de que Sue está em casa é verdadeira, e tenho boas razões para acreditar nisso porque tenho certeza de que a vi, mas está errado dizer que eu sei que Sue está em casa – eu não sabia. Exemplos assim ficaram conhecidos como "problemas de Gettier" e fizeram com que filósofos se perguntassem se, além de crença, verdade e justificação, existe um quarto critério para o conhecimento. Gettier lançou uma dúvida não apenas sobre a definição de Platão, mas também sobre se é possível ou não definir completamente o que é o conhecimento.

> Muitos filósofos tentaram – e fracassaram – propor uma solução para os problemas de Gettier.

O que é conhecimento?

IMMANUEL KANT
1724–1804

Immanuel Kant morou por toda a vida no porto do mar Báltico chamado Königsberg (hoje Kaliningrado, na Rússia). Ele era um tipo previsível, e o povo local acertava seus relógios pela regularidade de sua caminhada diária. Depois de quase uma década como tutor particular, tornou-se palestrante voluntário na Universidade de Königsberg, sendo pago apenas pelos alunos que frequentavam suas aulas, e depois se tornou professor.

A IMPORTÂNCIA DA MENTE

Em sua *Crítica da razão pura* (1781), Kant propôs que, para encontrar respostas a problemas filosóficos, as pessoas tinham que examinar sua própria mente, olhando para dentro em vez de examinando o mundo ao seu redor. A filosofia, de acordo com Kant, envolve o uso apenas da razão, independente da experiência.

NOSSA EXPERIÊNCIA DO MUNDO É DIVIDIDA EM DUAS FORMAS

Kant achava que as experiências advêm das intuições (os resultados dos sentidos diretos) e do entendimento (a habilidade de ter e usar conceitos a respeito das coisas que sentimos). Não saberíamos o que significam nossas intuições sem conceitos. Por exemplo, podemos ver (sentir) duas paredes de um prédio, mas nossa mente usa conceitos para construir o prédio completo que elas formam.

Epistemologia

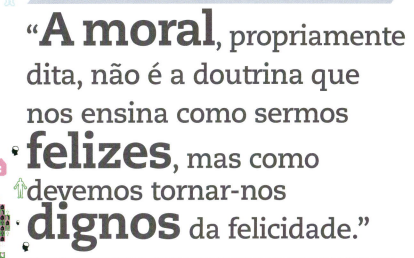

"**A moral**, propriamente dita, não é a doutrina que nos ensina como sermos **felizes**, mas como devemos tornar-nos **dignos** da felicidade."

O IMPERATIVO CATEGÓRICO

Em uma década, Kant publicou sua segunda e sua terceira crítica: a *Crítica da razão prática* (1788) e a *Crítica da faculdade do juízo* (1790). Ele acreditava que era possível desenvolver um sistema moral consistente usando a razão. As pessoas agiriam de uma maneira que poderia se tornar uma lei universal, sem desejar alcançar desejos ou motivos pessoais.

NÚMENO E FENÔMENO

Kant defendia que a mente humana é limitada – ela só consegue experimentar e imaginar dentro de certos limites. Ele descreveu dois mundos: o dos fenômenos (as coisas que podemos sentir e experimentar) e o dos números (coisas que existem fora da mente). Não há acesso ao mundo numenal, que se mantém incognoscível.

Kant ajudou a desenvolver a hipótese da nebulosa em astronomia, que diz que o sistema solar se formou de grandes nuvens de gás.

NUNCA dá para conhecer TUDO

ESTAMOS O TEMPO TODO DESCOBRINDO MAIS COISAS SOBRE O UNIVERSO, MAS PARECE QUE SEMPRE HÁ MAIS. PARECE QUE NÃO HÁ LIMITES PARA O QUE HÁ PARA CONHECER. ALGUNS FILÓSOFOS PERGUNTARAM SE SOMOS CAPAZES DE SABER TUDO O QUE HÁ PARA CONHECER OU SE HÁ COISAS QUE JAMAIS SABEREMOS.

Os limites da experiência

Com os grandes avanços nas descobertas científicas depois da época medieval, parecia que continuaríamos a descobrir coisas do universo até que conhecêssemos tudo o que há para saber – que os limites do nosso conhecimento seriam os limites do que existe na realidade. Em seu *Ensaio sobre o entendimento humano*, John Locke desafiou tal premissa e mostrou que não somos capazes de conhecer determinadas coisas. Já que era um empirista, ele acreditava que, ao nascer, nossa mente era como uma "tábula rasa": não sabemos nada e adquirimos todo o nosso conhecimento a partir de experiências com os cinco sentidos. E, como a única maneira de conseguirmos informações sobre o mundo exterior é por meio de nossos sentidos, pode haver partes da realidade que estarão para sempre escondidas de nós. Por exemplo, uma pessoa cega pode cheirar flores, sentir o calor do sol e ouvir a chuva, mas não pode ver a lua e as estrelas, de modo que não consegue ter nenhum conhecimento direto e de primeira mão sobre a sua existência. Nosso conhecimento da realidade é limitado àquilo que podemos perceber diretamente ou ao que podemos concluir baseados no que percebemos diretamente (tais como galáxias ou elétrons ainda não observados).

◖ O grande desconhecido

Immanuel Kant argumentou que, apesar de querermos muito saber, sempre haverá coisas além da nossa compreensão – coisas que simplesmente são incognoscíveis.

> **O CONHECIMENTO DE NENHUM HOMEM PODE IR ALÉM DA PRÓPRIA EXPERIÊNCIA.**
>
> **JOHN LOCKE**

Epistemologia

EXISTEM PARTES DA REALIDADE QUE SEMPRE CONTINUARÃO NAS TREVAS?

Mas pode haver muito mais na realidade que não somos capazes de conhecer dessa forma.

Faculdades limitadas

Outro filósofo que explorou a ideia de que existem limites ao que podemos conhecer foi Immanuel Kant, no século XVIII. Assim como Locke, ele reconheceu que nossas faculdades – nossos sentidos e nossa habilidade de raciocínio – não são completas e limitam o que podemos conhecer. Kant também mostrou que o que experimentamos com nossos sentidos não é necessariamente a mesma coisa que o que existe de fato. Nossa mente nos dá a representação de algo, similar à maneira como uma câmera de vídeo nos dá a representação audiovisual de uma cena – ela é parecida com a realidade, mas não é a realidade e não captura tudo o que existe na realidade. E, é claro, nossa experiência pode adicionar coisas que não estão lá (como nas ilusões).

Duas realidades diferentes

Kant explicou que existe uma diferença entre as coisas do jeito que aparecem para nós e aquilo que elas realmente são – o que ele chamava de "a coisa em si". É como se essas duas coisas existissem em dois mundos diferentes. Existe o mundo conforme o experimentamos com nossas faculdades limitadas, que ele chamava de mundo fenomenológico, mas também existe o mundo das "coisas em si", o mundo numenal, o qual não nos é possível experimentar. O total do que podemos apreender, conhecer e entender é limitado por nossas faculdades, mas isso não quer dizer que não existam outras coisas – simplesmente não há jeito de as percebermos. Nosso conhecimento está limitado ao mundo fenomenológico, o mundo do espaço e do tempo que podemos experimentar, e o mundo numenal das coisas como elas realmente são será para sempre desconhecido para nós. O que conseguimos experimentar nunca é a realidade do jeito que ela é. Existem coisas que jamais poderemos conhecer e nem sequer podemos ter uma ideia daquilo que não conhecemos, já que tais coisas estão além de nosso entendimento.

> Immanuel Kant não buscou muito longe pelo desconhecido. Ele nunca deixou a província onde nasceu.

É PRECISAMENTE AO CONHECER SEUS LIMITES QUE A FILOSOFIA EXISTE.
IMMANUEL KANT

DESCONHECIDOS DESCONHECIDOS

O político americano Donald Rumsfeld referia-se aos limites de nosso conhecimento quando disse: "Há conhecidos que conhecemos, há coisas que sabemos que sabemos. Também sabemos que há conhecidos que desconhecemos, o que quer dizer que sabemos que há algumas coisas que não sabemos. Mas também há coisas desconhecidas que desconhecemos, aquilo que não sabemos que não sabemos".

Veja também: 24-25

Será que um dia conheceremos a VERDADE?

O QUESTIONAMENTO FILOSÓFICO PODE SER VISTO COMO A BUSCA PELA VERDADE, MAS OS FILÓSOFOS TAMBÉM DEBATERAM QUANTO DE NOSSAS IDEIAS DO QUE É VERDADE CORRESPONDE AO QUE DE FATO É. ALGUNS ACHAVAM QUE NUNCA SABERÍAMOS COM CERTEZA, MAS HÁ COISAS QUE PODEMOS ACEITAR COMO VERDADE.

Explicações válidas

Nossa sede por conhecimento é o que motiva o questionamento filosófico, e ele não se satisfaz até que tenhamos encontrado algo que acreditamos ser verdade. Os filósofos têm discutido se é possível saber se algo é verdadeiro ou não. No final do século XIX, o filósofo americano Charles Sanders Peirce questionou a importância desse tipo de verdade. Ele achava que muito do debate filosófico jamais poderia chegar a uma conclusão satisfatória do que é ou não verdade e que isso, de fato, é irrelevante – na maior parte do tempo, tudo o que precisamos é de uma explicação satisfatória. Se acreditamos em algo e isso funciona para nós, não importa se é uma representação precisa da realidade. O que importa são as consequências de acreditarmos que isso é verdade. O conhecimento, sugeriu, consiste de uma coletânea dessas explicações válidas, em vez de coisas que sabemos com certeza que são fatos. As ideias de Peirce a respeito da verdade deram forma à escola de filosofia conhecida como pragmatismo. O pragmatismo acredita que o propósito da filosofia não é oferecer uma imagem verdadeira do universo, mas nos ajudar a viver nele de maneira prática.

Verdadeiro – ou útil?

A visão de Peirce de que o que consideramos verdade é uma coletânea de explicações válidas era muito diferente da ideia tradicional da verdade consistindo de fatos que nunca mudam. Para Peirce, as explicações que aceitamos como verdade podem ser substituídas se encontrarmos uma explicação melhor. Essa

> A VERDADE ACONTECE A UMA IDEIA. ELA TORNA-SE VERDADE; É FEITA VERDADE PELOS EVENTOS.
> **William James**

Veja também: 32-33, 44-45

Epistemologia

VERDADE?

← Acredite na verdade
O universo não muda, mas aquilo que acreditamos ser verdadeiro nele muda o tempo todo. Os filósofos do pragmatismo acham que se uma crença é útil e nos ajuda a viver no universo, não importa que ela seja verdadeira ou não.

VERDADE?

A TRILHA NA FLORESTA
Para explicar o pragmatismo, William James contou a história de um homem perdido na floresta que, cansado e faminto, encontra uma trilha. O homem pode acreditar que a trilha o levará para fora da floresta ao encontro de comida e abrigo, e segui-la. Ou pode acreditar que isso não ocorrerá e ficar lá parado e com fome. Seja qual for a escolha do homem, ela será verdadeira.

CRENÇA

A VERDADE ESTÁ LÁ, EM ALGUM LUGAR – MAS TEMOS QUE BUSCÁ-LA.

Alguns filósofos zombaram dos pragmáticos, acusando-os de desistir da busca pela verdade.

NÃO RESOLVEMOS PROBLEMAS FILOSÓFICOS; NÓS OS SUPERAMOS.
JOHN DEWEY

noção foi encampada por outro filósofo americano, William James. Ele acreditava que algo é verdadeiro desde que seja útil para nós. Assim que perder sua utilidade, já não é mais verdadeiro. Por exemplo, por um longo tempo as pessoas acreditavam que a Terra era o centro do universo, mas, conforme os astrônomos observavam a órbita dos planetas, essa visão do universo se tornou insatisfatória. Uma nova explicação, na qual o Sol é o centro do universo, tornou-se aceita como "verdade". O universo não havia mudado, só as verdades que conhecíamos a seu respeito: essas verdades são diferentes dos fatos, e não precisamos saber se a verdade que usamos corresponde aos fatos. Só precisamos saber se ela serve para nós. É a utilidade de nossas crenças, e como as usamos, disse James, que as torna verdadeiras.

Filosofia prática
A ideia de que a verdade e a utilidade estão inter-relacionadas é crucial para o pragmatismo. Peirce enfatizava que ganhamos conhecimento não apenas por meio de observação e raciocínio, mas ao fazermos coisas – testando, de forma ativa, a utilidade de nosso conhecimento e considerando as implicações de aceitar algo como verdade. Filósofos mais recentes, em especial John Dewey, aplicaram esse aspecto do pragmatismo aos problemas práticos da vida cotidiana, especialmente à política e à educação. Dewey defendia o aprendizado prático pelo hábito, ou repetição, já que isso nos encoraja a descobrir explicações úteis para as coisas, não aceitando, simplesmente, o conhecimento de segunda mão. O pragmatismo tornou-se um movimento importante na filosofia do século XX, especialmente nos Estados Unidos. Lá os filósofos se afastaram dos problemas abstratos da filosofia europeia, voltando-se a uma abordagem mais prática, adotando o teste de Dewey quanto a uma teoria filosófica bem-sucedida: "Ela nos ajuda a entender nossa experiência ou a torna mais confusa?".

O que é conhecimento?

Filosofia e conhecimento
NA PRÁTICA

ORDEM NATURAL

A crença de Aristóteles de que todo o nosso conhecimento vem de nossa experiência o levou a estudar o mundo natural em detalhe e, em seguida, a organizar suas descobertas. Isso formou a base da taxonomia moderna, na qual os organismos são classificados em grupos como classe, ordem, família, gênero e espécie.

VIVENDO E APRENDENDO

As teorias filosóficas sobre como adquirimos o conhecimento – através do raciocínio ou da experiência – influenciaram o desenvolvimento da teoria do aprendizado na psicologia. Isso, por sua vez, formou a base das teorias modernas sobre educação, em especial a substituição do aprendizado por hábito (através da repetição) por métodos onde se põe a "mão na massa".

DANDO SENTIDO

A interação entre nossa mente e nossos sentidos é o principal campo de estudo na psicologia (cognitiva). Ela nos ajuda a entender a forma como nossa mente dá sentido àquilo que nossos sentidos nos dizem, à percepção, e como às vezes eles são enganados – por exemplo, numa ilusão de ótica.

Epistemologia

A ciência da genética levantou a possibilidade de que parte do nosso comportamento se deve a fatores genéticos herdados, mais do que se pensava antes, reavivando o antigo debate entre "inato *versus* adquirido". Também tem sido sugerido que algumas habilidades são inatas, tais como a de adquirir e usar a linguagem.

INATO OU ADQUIRIDO

Questões como conhecimento, crença e verdade têm uma relevância particular nos tribunais de justiça. Algumas pessoas ao testemunharem juram dizer a verdade, mas dizem apenas o que elas acreditam ser verdadeiro. Cabe ao tribunal decidir se a declaração de uma testemunha foi dada de boa-fé e se pode ou não ser acreditada.

TODA A VERDADE

O ramo da filosofia que se ocupa do conhecimento, a epistemologia, tem ligações óbvias com a psicologia e o estudo de como percebemos o mundo ao nosso redor e como aprendemos a seu respeito. Ela também nos ajuda a tomar decisões práticas em questões sobre verdade e crença.

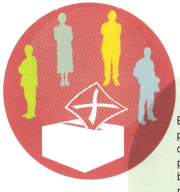

A POLÍTICA CERTA

Em épocas de eleição, podemos avaliar as políticas de diferentes candidatos ao perguntar-lhes se elas são baseadas na experiência, num argumento racional, ou se são simplesmente ideológicas, baseadas numa forte crença. Podemos, assim, votar bem informados.

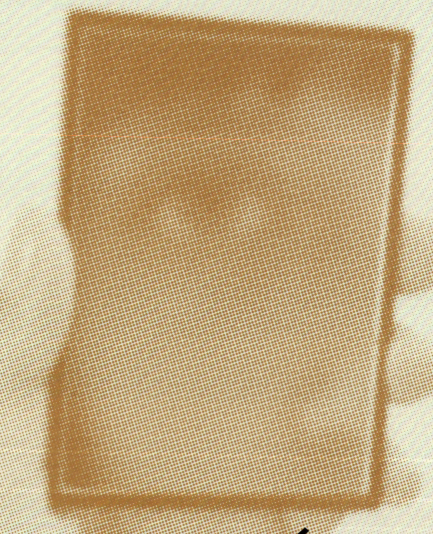

De que é feito o UNIVERSO?

Existe uma ESTRUTURA para o universo?

O que é REAL?

Será que o mundo que conhecemos é uma ILUSÃO?

Como sabemos se alguma coisa EXISTE?

DEUS existe?

A CIÊNCIA não tem todas as respostas

O que é o TEMPO?

Qual é o sentido da minha EXISTÊNCIA?

A Metafísica se desenvolveu a partir de uma das primeiras questões da filosofia: do que é feito o universo? Essa é a área da filosofia que examina o ser – o que de fato existe e a natureza de sua existência, e se a realidade é composta de substâncias materiais, de ideias imateriais ou da combinação de ambas.

De que é feito o UNIVERSO?

CONFORME OS PRIMEIROS FILÓSOFOS EXAMINAVAM O MUNDO AO SEU REDOR, PERCEBERAM QUE AS COISAS QUE EXISTEM DEVEM SER FEITAS DE ALGO. A PRIMEIRA PERGUNTA DELES, "DE QUE É FEITO O UNIVERSO?", DEU INÍCIO A UM GRANDE RAMO DA FILOSOFIA, A METAFÍSICA, QUE SE PREOCUPA COM AQUILO QUE EXISTE E A NATUREZA DE SUA EXISTÊNCIA.

A substância do universo

Mileto, um povoamento litorâneo grego que hoje fica na Turquia, foi o berço dos primeiros filósofos que viemos a conhecer. O primeiro deles, Tales, também foi astrônomo e engenheiro, e ficou fascinado com a questão sobre o que constitui o universo. Ele propôs uma teoria surpreendente, dada a enorme variedade de coisas distintas no mundo: ele achava que tudo era composto de uma única substância. Tal substância, sugeriu, era a água. Seu raciocínio dizia que a água é necessária para toda forma de vida, que a Terra parece emergir do mar e que a água existe nas formas líquida, gasosa e sólida. Portanto, tudo consiste em água em algum ponto de sua existência. Tales ensinava suas novas ideias filosóficas a outros pensadores, incluindo Anaximandro, que considerou que, se a Terra está apoiada na água, tem que haver algo que apoia a água. Depois de Anaximandro vieram outros filósofos oferecendo explicações alternativas, como a teoria de Anaxímenes de que a Terra flutua no ar, de modo que o ar deve ser a única substância do universo.

> **TUDO É FEITO DE ÁGUA.**
> TALES DE MILETO

Algo ou nada

O monismo, a visão de que o universo consiste, essencialmente, de uma única substância, dominou a filosofia no começo, e com ela veio a ideia de que a

IDEIAS DURADOURAS

A filosofia grega teve uma longa influência. A noção de Empédocles dos quatro elementos evoluiu para a química moderna, que usa o termo "elemento". A física moderna compartilha as ideias e as palavras da teoria das partículas dos atomistas. Até mesmo o conceito de que tudo é feito de uma só substância ressurgiu na física moderna, com a ideia de que toda matéria é energia.

Metafísica

... OU QUATRO ELEMENTOS...

... OU INCONTÁVEIS E MINÚSCULAS PARTÍCULAS?

O UNIVERSO É FEITO DE...

... UMA SUBSTÂNCIA...

⬅ Uma, quatro ou muitas?
Os primeiros filósofos raciocinavam que o universo era feito inteiramente de água, ou a partir de todos os quatro elementos, ou de partículas minúsculas. Algumas dessas ideias originais ainda são debatidas hoje.

Elementos e átomos
Parmênides ofereceu uma hipótese para a natureza fundamentalmente imutável do universo, mas houve quem discordasse. Um deles, Empédocles, acreditava que a teoria de Parmênides não era capaz de explicar a variedade de coisas que se vê no mundo, nem porque o mundo parece estar sempre mudando. Ele sugeriu que não havia apenas uma substância, mas quatro, as quais ele chamou de elementos: fogo, água, terra e ar.
Embora elas sejam imutáveis em si, podem se combinar em diferentes proporções para formar as mais variadas coisas no mundo. Outra teoria, proposta por Demócrito e Leucipo, dizia que tudo é composto de partículas minúsculas, imutáveis e indestrutíveis, chamadas átomos. Estes são livres para se movimentar e se combinar entre si para formar as diversas substâncias que se vê no mundo.

Tales previu, com sucesso, um eclipse solar. Ainda não sabemos como ele fez isso.

natureza fundamental do universo é algo que não muda. Parmênides usou o raciocínio para mostrar que deve mesmo ser assim. Ele defendia que é impossível para algo existir e não existir, de modo que não podemos dizer que existe um estado de nulidade – não há algo como o "nada". Assim, uma coisa que existe não pode ter vindo do nada – ela deve ter sempre existido e existirá para sempre, já que tampouco ela pode se transformar em nada. O universo, portanto, deve estar cheio de algo, pois o "nada" não existe. Esse "algo" é uma substância única imutável e eterna.

Veja também: 42-43, 66-67

NÃO EXISTE NADA ALÉM DE ÁTOMOS E ESPAÇO VAZIO; TUDO O MAIS É OPINIÃO.
DEMÓCRITO

AS QUATRO CAUSAS DE ARISTÓTELES

◐ **A causa material**
Tudo é feito de algo. Um desses materiais, com o qual fazemos coisas como os móveis, é a madeira. A madeira vem das árvores.

◐ **A causa formal**
Em seguida, esse algo tem que ser reunido de certa maneira para adquirir uma forma. O esquema ao lado mostra como a madeira pode ser reunida para fazer uma cadeira.

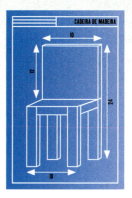

Existe uma ESTRUTURA

VIVEMOS NUM UNIVERSO COMPLEXO E EM CONSTANTE MUDANÇA, O QUAL OS FILÓSOFOS TENTARAM EXPLICAR AO SE PERGUNTAREM O QUE CONSTITUI TODAS AS COISAS. ELES TAMBÉM SE QUESTIONARAM SE O UNIVERSO É TÃO CAÓTICO QUANTO PARECE. SERÁ QUE O UNIVERSO E TUDO NELE TÊM UMA E STRUTURA CONSTITUTIVA? SE FOR ASSIM, O QUE O CAUSOU? SERÁ QUE ELE TEM UM PROPÓSITO?

A matemática manda!

Desde o começo da filosofia, tem se sugerido que existe uma estrutura identificável por trás da complexidade do mundo. Tales e seus pupilos propuseram vários modelos do mundo como o conheciam, quer seja um pedaço de terra flutuando num mar infinito ou um disco achatado (ou no formato de um tambor) suspenso no ar. Explicações posteriores se estenderam para todo o

> **O HOMEM É UM UNIVERSO NUM MICROCOSMO.**
> DEMÓCRITO

HARMONIA CELESTIAL

Pitágoras fez um experimento com cordas vibrantes de diferentes comprimentos e descobriu uma relação matemática entre as notas em uma escala musical. Ele pensava que as distâncias dos corpos celestes da Terra corresponderiam a comprimentos de cordas que vibravam em harmonia uns com os outros, criando o que ele chamou de "harmonia das esferas" no espaço.

universo. As pessoas haviam identificado padrões nos movimentos do Sol, da Lua, dos planetas e das estrelas, mas o filósofo Pitágoras os interpretava de maneira diferente. Fascinado pela matemática, ele descobriu que as formas geométricas se sujeitam a regras matemáticas específicas e concluiu que as formas dos corpos celestes também seriam assim. Ele também descobriu que as notas musicais que soam harmônicas juntas correspondem a um padrão de razões matemáticas (ver o quadro "Harmonia Celestial", à esquerda). Pitágoras concluiu que tudo no universo, incluindo a posição e os movimentos dos corpos celestes, é governado pelas regras da matemática e que a estrutura do universo pode ser descrita em termos matemáticos.

Metafísica

A causa eficiente
Para que algo mude, um agente ou evento exterior deve ser a causa. Nesse caso, um carpinteiro está moldando a madeira para seguir o esquema e fazer uma cadeira.

A causa final
Tudo existe por uma razão, e essa é a causa final – o propósito de algo. Essa cadeira foi feita para que alguém se sentasse nela.

para o universo?

Ideias atômicas

Enquanto Pitágoras procurava essa estrutura por meio da matemática e da astronomia, outros filósofos examinavam as coisas numa escala menor. Empédocles buscou uma explicação para a estrutura de tudo partindo da maneira como diferentes substâncias são formadas de várias combinações de fogo, água, terra e ar. E os atomistas Demócrito e Leucipo descreveram um universo feito de um número infinito de partículas, de vários tipos e formas. Toda substância no universo, incluindo tanto seres vivos quanto objetos inanimados, é composta desses átomos, e a estrutura de tudo é determinada por sua tendência natural de se combinarem de certa forma. Os atomistas acreditavam, algo incomum em sua época, que, já que os átomos são imutáveis e eternos, eles e as substâncias que eles criam não foram causados por nada e não têm nenhum propósito.

Quatro causas

Para muitos filósofos, não foi suficiente dizer que o universo tem uma estrutura – era necessário explicar como ela surgiu e para qual propósito. Aristóteles se ocupava com aquilo que ele chamava de "causas" das coisas, mas seu uso da palavra "causa" é um pouco diferente do sentido que lhe damos hoje em dia. O que ele chamava de "causa material" de algo é a substância da qual ele é feito, enquanto a "causa formal" é o jeito como se constitui, sua forma ou estrutura, a qual Aristóteles acreditava seguir certos princípios e leis naturais. A "causa eficiente" está mais próxima daquilo que hoje designamos "causa": é aquilo que causa a mudança, faz com que algo surja ou mude de uma coisa para outra. A "causa final" de algo, de acordo com Aristóteles, é a razão de ele ter se formado e para que serve – seu propósito. Para que surja algo, defendia, essas quatro causas devem existir ao mesmo tempo.

> Antes de surgirem os filósofos, os movimentos do Sol, da Lua, dos planetas e das estrelas estavam associados aos deuses.

Veja também: 40-41

O NÚMERO É O REGENTE DAS FORMAS E DAS IDEIAS.
PITÁGORAS

O que é REAL?

QUANDO FALAMOS DAQUILO QUE EXISTE, PRIMEIRO TENDEMOS A PENSAR EM OBJETOS FÍSICOS COM SUBSTÂNCIA MATERIAL. CONTUDO, TAMBÉM EXISTEM COISAS APARENTEMENTE NÃO MATERIAIS, COMO AS IDEIAS, OS PENSAMENTOS E AS MEMÓRIAS. NÃO PODEMOS VÊ-LAS NEM TOCÁ-LAS, MAS ISSO NÃO QUER DIZER QUE NÃO SEJAM REAIS. ENTÃO, O QUE DE FATO É REAL?

> **UM MUNDO MENTAL, OU UNIVERSO DE IDEIAS, EXIGE UMA CAUSA TANTO QUANTO A EXIGE UM MUNDO MATERIAL, OU UNIVERSO DE OBJETOS.**
> DAVID HUME

Um mundo material

A resposta óbvia à questão do que é real são as coisas que são feitas de alguma substância física que podemos ver e tocar. Alguns filósofos consideram que a realidade consiste apenas das coisas captadas por nossos sentidos, o mundo material. Os materialistas, como são conhecidos, acreditam que não existe algo como um mundo não material – não existe nada na realidade que não seja material. Entre os primeiros a defenderem essa visão estavam Demócrito e Leucipo, que argumentavam que não existe nada na realidade além de átomos e espaço vazio, e Epicuro, que expandiu esse argumento ao demonstrar a não existência de qualquer coisa não material, incluindo a alma. Porém foi só mais tarde que o materialismo se tornou parte da filosofia dominante, quando a ciência, em vez da religião, se transformou na principal fonte de conhecimento do mundo. Tal percepção cada vez mais materialista foi assumida no século XIX pelos filósofos alemães Ludwig Feuerbach e Karl Marx, que descartaram abertamente as descrições religiosas tradicionais de mundos não materiais.

Um mundo ideal

No extremo oposto do materialismo está a crença de que a realidade é essencialmente não material – que nada material existe na realidade. Essa visão, o idealismo, foi proposta de forma mais convincente por George Berkeley. Ele defendia que o que percebemos não são coisas materiais num mundo físico, mas ideias em nossa mente. Assim, a realidade consiste apenas de ideias e da mente que a percebe, e não há nada como a substância material. Para que uma ideia exista, ela tem que ser percebida. Mas, se algo existe apenas quando é percebido, será que deixa de existir quando não houver nenhuma mente para percebê-lo? Se uma árvore estiver crescendo num bosque, por exemplo, e não houver ninguém para percebê-la, ela ainda está lá? Berkeley, um bispo cristão, diz que sim, a árvore ainda está lá. As coisas continuam a existir porque elas sempre serão percebidas pela mente de Deus.

O MUNDO MATERIAL
Esse mundo contém as coisas que percebemos através de nossos sentidos. Tudo nesse mundo tem uma substância material.

Veja Também: 18-19, 20-21

SERÁ QUE AS COISAS EXISTEM...

Metafísica

A realidade total

A maioria dos filósofos, no entanto, aceita a existência do mundo material, mas também reconhece a realidade de coisas não materiais. A noção de Platão de que o mundo cotidiano no qual vivemos é apenas uma "cópia" do mundo das ideias foi adotada por filósofos cristãos e islâmicos, e todas as principais religiões contrapõem o mundo material a um outro mundo ideal. René Descartes também descreveu a realidade total como consistindo de dois mundos separados, o mundo material e o mundo ideal, e até mesmo o cético Hume não negou a realidade de coisas não materiais. Talvez a descrição mais influente da realidade tenha sido feita por Immanuel Kant, que propôs que podemos experimentar um mundo de coisas tanto materiais como não materiais, como nossos sentidos e nossa mente, mas que isso é apenas uma parte da realidade total – também existem coisas a respeito das quais não podemos ter nenhum conhecimento, mas que, sem dúvida alguma, existem na realidade.

> Vulgarmente falando, o materialista é alguém que valoriza a posse e o conforto físico em detrimento dos ideais espirituais.

> ESTOU SERIAMENTE PERSUADIDO DE QUE NÃO EXISTE AQUILO QUE OS FILÓSOFOS CHAMAM DE SUBSTÂNCIA MATERIAL.
> **GEORGE BERKELEY**

A PROVA DE JOHNSON

A maioria das pessoas instintivamente sente que a noção de George Berkeley de que um mundo material não existe não pode ser verdadeira, mas seu argumento a favor do idealismo é difícil de refutar. O escritor Samuel Johnson, no entanto, ofereceu a Berkeley uma resposta baseada no bom senso ao chutar, de propósito, uma grande pedra de modo que sua bota sentisse a sua resistência, dizendo: "Eu acabei de refutá-lo".

> **O MUNDO IDEAL**
> Esse mundo consiste de ideias, as quais percebemos por meio de nossa mente. Nada no mundo tem uma substância material.

AMOR

VERDADE

TEMPO

... SE ELAS NÃO TIVEREM UMA FORMA MATERIAL?

O que é a realidade?

Será que o mundo que conhecemos é uma ILUSÃO?

DESDE O TEMPO DOS FILÓSOFOS GREGOS, ESTÁ CLARO QUE NOSSO CONHECIMENTO DO MUNDO É, NA MELHOR DAS HIPÓTESES, INCOMPLETO E SOMOS, COM FREQUÊNCIA, ENGANADOS. FORMAMOS UMA IMPRESSÃO SOBRE O QUE ESTÁ NO MUNDO A PARTIR DE NOSSA EXPERIÊNCIA E POR MEIO DO RACIOCÍNIO, MAS OS FILÓSOFOS DISPUTAM ENTRE SI QUÃO PRECISA É A REPRESENTAÇÃO DA REALIDADE QUE PODEMOS ALCANÇAR.

Falsas impressões

Muitos filósofos argumentaram que o que experimentamos através de nossos sentidos – o que vemos, ouvimos, cheiramos, saboreamos ou tocamos – nos dá uma falsa ideia do que existe na realidade. Platão explicou que isso se dá porque o mundo em que vivemos na verdade é apenas uma versão ilusória de uma realidade perfeita que não podemos experimentar com nossa mente. A ideia de que existem dois mundos, experimentados de formas distintas, também era central à filosofia do racionalista René Descartes. Diferentemente de Platão, no entanto, ele não achava o mundo material uma "sombra" da realidade ideal. Não é o mundo que é imperfeito, mas os nossos sentidos, que podem ser enganados e não são confiáveis para nos dar uma ideia verdadeira do mundo ao nosso redor. O mais confiável seria nossa habilidade de raciocinar, com a qual podemos experimentar o mundo ideal e conseguir um melhor entendimento das coisas como realmente são.

A qualidade de um objeto

Outros, no entanto, rejeitaram a noção de um mundo ideal, imaterial. Para os filósofos empiristas, a realidade consiste apenas do mundo material onde vivemos – o mundo que experimentamos através de nossos sentidos. Não usamos a razão para interpretar o que nossos sentidos nos dizem, e é isso que nos dá as ideias que temos do mundo. Um desses empiristas foi John Locke, que afirmou que experimentamos o mundo material de duas maneiras. Os objetos de nossa experiência, afirmou, têm qualidades diferentes. As "qualidades primárias" de um objeto, como as

> John Locke fugiu da Inglaterra por cinco anos quando suas ideias entraram em conflito com as do rei.

Veja também: 16–17, 20–21, 24–25

EXISTEM DOIS MUNDOS: O MUNDO DA EXPERIÊNCIA SENTIDA POR NOSSO CORPO E O MUNDO DAS COISAS EM SI.

IMMANUEL KANT

Metafísica

◐ Dois mundos, uma mente

Arthur Schopenhauer acreditava que a realidade consiste de uma força natural, da qual nossa vontade é uma parte, e de objetos materiais que experimentamos através de nossos sentidos.

VOCÊ EXPERIMENTA O MUNDO ATRAVÉS DE SUA VONTADE...

... AO OBSERVAR A REPRESENTAÇÃO DO MUNDO.

NOSSO MUNDO, TÃO REAL COM TODOS OS SEUS SÓIS E VIAS LÁCTEAS, É – NADA.

ARTHUR SCHOPENHAUER

Onde há Vontade...

Immanuel Kant propôs uma explicação que combinava as ideias racionalistas e empiristas, rejeitando a noção de mundos separados que podemos experimentar através de nossos sentidos ou de nossa mente. Ele acreditava que naturalmente conhecemos as propriedades dos objetos que existem no espaço e no tempo, e que usamos esse conhecimento para interpretar o que nossos sentidos nos dizem. Existe outro mundo, afirmou, das coisas em si, mas ele está além da nossa capacidade de experiência. Arthur Schopenhauer concordava que a realidade consiste de mundos que podemos ou não experimentar. Ele percebeu que experimentamos nosso próprio corpo como objeto no mundo, mas também temos ciência de nossas intenções, o que faz com que nosso corpo se mova e faça coisas – nossa vontade, que é exemplo de uma coisa em si. Ele concluiu que a realidade consiste do mundo material, o qual chamou de Mundo da Representação, e de uma força da natureza por trás dele, o Mundo da Vontade. Não podemos experimentar diretamente o Mundo da Vontade, mas temos consciência de nossa própria vontade, que é parte da Vontade universal presente em todas as coisas.

chamava, são as propriedades passíveis de serem medidas objetivamente, como seu tamanho, peso, posição e movimento – propriedades independentes da pessoa que as observa. Os objetos também possuem "qualidades secundárias", aquelas que podem diferir de um observador para outro e são subjetivas – por exemplo, as qualidades de gosto, cheiro e cor. Podemos ter uma experiência precisa das qualidades primárias de um objeto, mas nossas ideias de suas qualidades secundárias são diferentes do objeto em si.

O ORIENTE ENCONTRA O OCIDENTE

A ideia de Arthur Schopenhauer que diz que nossa vontade é parte de uma Vontade universal é similar ao conceito de realidade na filosofia indiana. Por trás do hinduísmo e do budismo está a visão de que o mundo que experimentamos é ilusório e mascara nossa percepção da realidade eterna da qual tudo faz parte. Só por meio da iluminação é que podemos quebrar o ciclo de nascimento e renascimento e perceber tal esfera universal do ser – a realidade onde tudo é Um.

O que é a realidade?

PLATÃO
c. 420-347 a.C.

Nascido na cidade-estado grega de Atenas, a juventude de Platão não é bem conhecida. Acredita-se que tenha estudado poesia e música, tenha lutado nos Jogos Ístmicos em Corinto e servido no Exército ateniense. De família influente, Platão talvez já estivesse destinado à vida na política grega antiga antes de se tornar pupilo de Sócrates.

UM LEGADO DE SÓCRATES

Platão foi fortemente influenciado por seu mestre. Depois da morte de Sócrates, em 399 a.C., Platão abandonou a vida pública em Atenas e viajou para diversos lugares, visitando a Itália, o Egito e a Líbia. Quando começou a produzir seus próprios textos filosóficos, jamais se referia a si mesmo diretamente. Em vez disso, escrevia diálogos, registrando o tipo de conversa que Sócrates e outros tiveram em público.

A ACADEMIA

Platão voltou a Atenas em 387 a.C. e fundou a Academia, uma escola onde eram ensinadas várias disciplinas, incluindo astronomia e filosofia. Sua lista de estudantes incluía Aristóteles, Xenócrates e várias mulheres, entre elas Asioteia de Filos. Platão deixou a escola para seu sobrinho, Espeusipo, e depois dele a Academia continuou por mais de 300 anos.

Metafísica

O MUNDO DAS FORMAS PERFEITAS

Uma das ideias centrais na obra de Platão é o mundo das formas – versões perfeitas e eternas das coisas que experimentamos diretamente em nosso mundo imperfeito. Ele ilustrou esse conceito com a história dos homens acorrentados olhando a parede de uma caverna com o sol, representando a verdade, atrás deles. Os homens veem apenas sombras da verdade, as quais creem formar a realidade.

A lenda da cidade perdida de Atlântida foi contada primeiro por Platão em dois de seus diálogos, *Timeu* e *Crítias*.

"**O preço** que os homens de bem pagam pela indiferença aos assuntos políticos é ser governados pelos **maus**."

A REPÚBLICA

Platão teve influência enorme na filosofia ocidental, tendo produzido mais de 30 diálogos. Escrita por volta de 380 a.C., *A república* é uma das obras mais famosas de Platão. Ela trata da natureza da justiça, como os indivíduos podem ser virtuosos, e do estado ideal. Ele também argumenta que uma vida justa está ligada a uma vida feliz.

Como sabemos se alguma

AO TENTAR ESTABELECER O QUE EXISTE OU NÃO, VÁRIOS FILÓSOFOS ASSUMIRAM COMO PONTO DE PARTIDA EXPERIMENTOS MENTAIS QUE NEGAM A POSSIBILIDADE DE TERMOS CERTEZA DE QUALQUER COISA ALÉM DE NOSSA PRÓPRIA EXISTÊNCIA. COM BASE NESSA CERTEZA SINGULAR, CONSTRUÍRAM ARGUMENTOS PARA O NOSSO CONHECIMENTO SOBRE A EXISTÊNCIA DE OUTRAS COISAS.

O homem voador

O filósofo islâmico Ibn Sīnā, também conhecido como Avicena, idealizou uma intrigante imagem para sua experiência mental do "homem voador" no século XI. Ele imaginou um homem flutuando no ar, vendado e sem tocar nada, impedido de receber qualquer informação de seus sentidos e completamente inconsciente de seu corpo ou do mundo fora de si. Mas ainda assim ele tem consciência de que existe. Avicena se esforçou em mostrar que o que existe é a alma do homem, distinta de seu corpo. Mas, ao mesmo tempo, levantou questões acerca do que podemos ter certeza da existência, além de nós mesmos. Quase 600 anos depois, René Descartes apresentou um experimento mental parecido – a ideia de um demônio maligno enganando todos os seus sentidos – que descartasse qualquer coisa que pudesse ser duvidada, e construiu seu conhecimento do mundo com base na única certeza de que ele, Descartes, existia. Mas Avicena e Descartes apenas mostraram que a "alma" ou a "mente" existe e é consciente de sua própria existência, e não que ela tem um corpo que existe num mundo material.

> De acordo com o registro de Avicena sobre sua própria vida, ele já havia lido e decorado o Corão inteiro aos dez anos.

Um cérebro numa cuba

Nos anos 1980, o filósofo americano Hilary Putnam apresentou uma versão atualizada desses experimentos mentais que levanta questões parecidas sobre quanto podemos conhecer a respeito do que existe de verdade. Suponhamos, conjecturou ele, que eu não exista da maneira que penso que existo; em vez disso, sou parte de uma experiência de um cientista

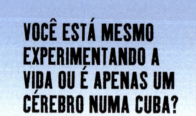

⊙ Conectado ao mundo

Hilary Putnam descreveu um experimento mental no qual existimos como um cérebro numa cuba conectado a um computador que nos faz pensar que estamos experimentando o mundo exterior.

coisa **EXISTE?**

Metafísica

COGITO ERGO SUM (PENSO, LOGO EXISTO).
RENÉ DESCARTES

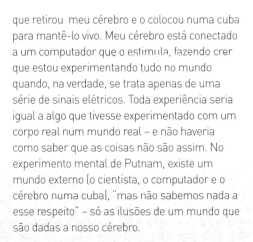

que retirou meu cérebro e o colocou numa cuba para mantê-lo vivo. Meu cérebro está conectado a um computador que o estimula, fazendo crer que estou experimentando tudo no mundo quando, na verdade, se trata apenas de uma série de sinais elétricos. Toda experiência seria igual a algo que tivesse experimentado com um corpo real num mundo real – e não haveria como saber que as coisas não são assim. No experimento mental de Putnam, existe um mundo externo (o cientista, o computador e o cérebro numa cuba), "mas não sabemos nada a esse respeito" – só as ilusões de um mundo que são dadas a nosso cérebro.

Não podemos ter certeza
Descartes e Putnam simplesmente adotaram uma abordagem cética como ponto de partida para estabelecer como podemos saber que existimos, mas muitos filósofos acharam que as situações descritas por esses experimentos mentais eram convincentes. O demônio maligno e o cérebro numa cuba são imagens poderosas, e é difícil encontrar qualquer motivo para não acreditar que sejam reais – mas, nesse caso, como podemos saber que até mesmo o mundo que experimentamos existe? Até que tenhamos uma resposta definitiva, os filósofos continuarão a debater essa questão.

MATRIX
A trilogia de filmes de ficção científica *Matrix* aproximou o experimento mental da realidade simulada para a cultura popular. Nos filmes, uma leva de computadores conscientes controla a mente dos humanos por intermédio de implantes, enganando-os a crer num mundo virtual totalmente diferente do mundo real do qual são prisioneiros.

DEUS existe?

AO TENTAREM ENTENDER A SUBSTÂNCIA E A ESTRUTURA DO UNIVERSO E QUAL O SIGNIFICADO DE ALGUMA COISA EXISTIR, OS FILÓSOFOS CONSIDERARAM COMO AS COISAS VIERAM A SER. MUITOS ACREDITAVAM QUE UM DEUS CRIOU O UNIVERSO E OFERECERAM ARGUMENTOS TENTANDO PROVAR SUA EXISTÊNCIA.

Causa e propósito

Muitas teses a favor da existência de um ser supremo que criou o universo datam da filosofia de Platão e Aristóteles. Tais teses foram mais tarde adotadas por filósofos cristãos em sua tentativa de reconciliar sua fé com o raciocínio filosófico. Uma das principais questões sobre a existência é o por quê de alguma coisa existir. Parece errado presumir que o universo tenha passado a existir por conta própria, logo ele deve ter sido criado – tem que haver uma causa para ele. A contradição óbvia é que essa causa também deve, por sua vez, ter tido uma causa, e assim por diante, mas os filósofos que usaram esse "argumento cosmológico" disseram que existe uma causa primeira, que entendemos por Deus. Um argumento diferente, o "argumento teleológico", ou argumento a partir do desígnio, aponta para o fato de podermos detectar padrões definidos no universo. Por exemplo, a Terra se move conforme um curso previsível, e um filhote de cisne cresce até virar um cisne adulto. Tais padrões indicam que o universo teve um desígnio cuidadoso, logo deve ser a obra de um criador com algum propósito, ou seja, Deus.

> EXISTE ENTÃO ALGO QUE É, PARA TODOS OS OUTROS ENTES, CAUSA DO SER, DA BONDADE E DE TODA A PERFEIÇÃO: NÓS O CHAMAMOS DEUS.
> **TOMÁS DE AQUINO**

O PROBLEMA DO MAL

O fato de haver mal no mundo é usado para defender a não existência de um deus onipotente e benevolente. Se um deus bom está disposto a evitar o mal, mas não consegue, então ele não é onipotente. Se ele é capaz, mas não está disposto, então não é benevolente. Se ele não está nem disposto nem é capaz, então não há motivo para considerá-lo deus.

DE ACORDO COM ESSES ARGUMENTOS...

TELEOLÓGICO
O UNIVERSO E TUDO NELE SÃO FRUTO DE UM DESÍGNIO DE ACORDO COM UM PLANO OU PROPÓSITO ESPECÍFICO. O CRIADOR É DEUS.

Metafísica

Um ser perfeito

O filósofo cristão medieval Tomás de Aquino identificou cinco argumentos para provar a existência de Deus, os quais ele chamou de *Quinque viae* ("Cinco Vias"). Ele tomou o argumento teleológico e três versões do argumento cosmológico de Platão e Aristóteles, mas encontrou a quinta "via" na obra de Santo Anselmo, teólogo do século XI. Anselmo definia Deus como algo tão grande que não se poderia conceber nada maior que ele. Podemos imaginar tal ser perfeito, logo Deus existe como um conceito em nossa mente – mas um ser perfeito que existe na realidade seria ainda maior que aquele que existe apenas na nossa mente. Assim, podemos agora imaginar um ser maior que nossa ideia original de Deus, que existe tanto em nossa mente quanto na realidade. Tal ser, Deus, portanto, tem que existir: negar sua existência seria uma contradição à definição de Deus de Anselmo.

> Tomás de Aquino acreditava que todos os seres vivos tinham alma – até as plantas.

Não provado

Mas nem todo mundo se deixou convencer por esses argumentos, e até os que acreditavam na existência de Deus questionaram sua força. O "argumento ontológico" de Anselmo, apesar de aparentemente soar lógico, pressupõe que sejamos capazes de conceber o maior ser concebível – o que talvez não consigamos. O argumento cosmológico pressupõe que tudo deve ter uma causa e que a causa que causa todas as outras causas só pode ser Deus, mas por que supor isso? O argumento do desígnio tampouco é conclusivo e sugere, em vez de provar, a existência de um criador com propósito. No século XIX, cada vez mais filósofos passaram a adotar uma posição cética na crença em Deus. Havia um crescente consenso de que, já que é impossível provar ou não provar de forma conclusiva a existência de Deus, ela deve continuar uma questão de fé, não de filosofia.

Veja também: 112–113, 140–141

> **DEUS É AQUELE DO QUAL NÃO SE PODE PENSAR NADA MAIOR.**
> STO. ANSELMO

... DEUS EXISTE.

ONTOLÓGICO
PODEMOS IMAGINAR O MAIOR SER, O MAIS PERFEITO EM NOSSA MENTE, DE MODO QUE TAL SER, DEUS, TEM QUE EXISTIR TAMBÉM NA REALIDADE. LOGO, DEUS EXISTE.

COSMOLÓGICO
O UNIVERSO NÃO PODERIA TER VINDO À EXISTÊNCIA POR CONTA PRÓPRIA, DO NADA. ELE DEVE TER SIDO CRIADO POR ALGO – POR DEUS.

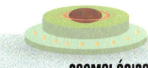

54 | O que é a realidade?

A CIÊNCIA não tem todas as respostas

MUITAS DAS PERGUNTAS ORIGINAIS SOBRE O UNIVERSO PARECEM TER SIDO RESPONDIDAS PELA CIÊNCIA, E NOVAS DESCOBERTAS CIENTÍFICAS EXPLICAM AINDA MAIS SOBRE O MUNDO AO NOSSO REDOR. PARECE, NO ENTANTO, QUE SEMPRE HÁ ALGO MAIS A SER DESCOBERTO, E TALVEZ SEMPRE HAJA ALGUMAS PERGUNTAS QUE A CIÊNCIA NÃO CONSIGA RESPONDER.

O método científico

A filosofia ocidental começou com perguntas sobre o universo físico – do que ele é feito e como é estruturado. Os filósofos propuseram teorias cada vez mais sofisticadas para explicar o mundo natural ao usar sua habilidade de raciocinar, desenvolvendo argumentos lógicos baseados no que observavam ao seu redor. O processo de observação e raciocínio, que foi primeiro e formalmente reconhecido como método investigativo por Aristóteles, evoluiu até a "filosofia natural" que hoje chamamos de ciência. O século XVI viu um grande número de avanços científicos, como a teoria de Copérnico sobre o universo girando em torno do Sol e as investigações de Vesálio sobre a anatomia humana, as quais estabeleceram solidamente a ciência em vez da religião como a fonte de nosso conhecimento do mundo natural. Mas foi o filósofo Francis Bacon que percebeu que, em vez de simplesmente observar que algo parece ser de um jeito, e que por isso tudo deve ser desse jeito, seria necessário o uso de um arcabouço confiável – um método científico para testar novas teorias por meio da experimentação.

Progresso científico

Armados com a autoridade de um método científico, os cientistas fizeram descobertas e propuseram teorias numa época que costuma ser chamada de Revolução Científica. A ciência descobriu muitos princípios subjacentes ao universo, as leis da física, da química e do mundo vivo. Novas descobertas produzem novas teorias, cada uma

> Francis Bacon foi conselheiro tanto da rainha Elizabeth I quanto do rei James I, ambos da Inglaterra.

> **TODAS AS METODOLOGIAS, ATÉ MESMO AS MAIS ÓBVIAS, TÊM SEUS LIMITES.**
> PAUL FEYERABEND

Metafísica

BUSCAMOS O CONHECIMENTO ATRAVÉS DO MÉTODO

Veja também: 84-85, 100-101

> SÓ QUANDO TÊM QUE ESCOLHER ENTRE TEORIAS CONFLITANTES É QUE OS CIENTISTAS SE COMPORTAM COMO FILÓSOFOS.
> **THOMAS KUHN**

Testando o conhecimento
Sempre que possível, os cientistas sujeitam as teorias a testes rigorosos. Se uma teoria falhar nesses testes de maneira repetida, ela terá que ser alterada ou substituída por uma melhor.

mais sofisticada que a sua antecessora. Às vezes uma descoberta ou teoria inovadora pode significar uma mudança completa de mentalidade – aquilo que o filósofo Thomas Kuhn chama de "mudança de paradigma". Pontos de inflexão como esses, exemplificados pela mudança da física newtoniana para a física einsteiniana, caracterizam a forma como a ciência progride, nos dando um conhecimento cada vez mais completo da verdade científica. Mas Paul Feyerabend sugere que, cada vez que ocorre tal mudança, mudam também os conceitos e os métodos usados, de modo que não há um arcabouço permanente para estabelecer tal verdade.

Perguntas sem resposta

O progresso da ciência a partir da Revolução Científica causou uma mudança na ênfase da mentalidade filosófica. Conforme as perguntas sobre a substância e a estrutura do universo passaram a ser cada vez mais respondidas pela física e pela química, os filósofos passaram a focar mais a natureza e o sentido da existência, em vez da sua constituição física. Mais recentemente, a psicologia e a neurociência têm oferecido maiores novidades sobre nosso comportamento, o funcionamento de nossa mente e como adquirimos conhecimento. No entanto a ciência não consegue, nem pode, explicar tudo. Ela nos dá cada vez mais conhecimento do mundo físico e de nosso mundo mental, mas questões sobre moralidade e o sentido da existência estarão sempre, ao que parece, fora do escopo da ciência.

O BIG BANG

Com frequência, as explicações científicas levantam ainda mais questões. A ciência nos ofereceu a teoria de que o "Big Bang" foi o começo do universo. Instintivamente nos perguntamos: "O que veio antes disso?" ou "O que o causou?", mas os físicos explicam que literalmente nada, nem mesmo o tempo, existia antes disso, desafiando uma vez mais nossas ideias filosóficas sobre a natureza da existência.

O que é a realidade?

TOMÁS DE AQUINO
(c. 1225–1274)

Caçula de nove filhos de um conde italiano, Tomás de Aquino foi mandado para o mosteiro de Monte Cassino quando tinha somente cinco anos. Mais tarde estudou na Universidade de Nápoles e em Paris, onde foi chamado de "boi mudo", por causa do seu silêncio durante os estudos. Mas Aquino estava ocupado absorvendo informações e viria a se tornar um dos teóricos mais importantes da Igreja cristã.

ESTRADO!

Em Nápoles, Aquino foi influenciado pelos dominicanos, uma ordem religiosa que estudava muito e ajudava os pobres. Sua família não concordava com isso e o sequestrou em 1243. Foi prisioneiro por mais de um ano enquanto ela tentava mudar suas opiniões. Por fim, a família admitiu a derrota e permitiu a fuga de Aquino. Ele voltou aos dominicanos e seguiu para Paris.

Considerado o maior intelectual da igreja de seu tempo, Aquino foi canonizado (virou santo) em 1323 pelo papa João XXII.

Metafísica

> "Para o conhecimento de absolutamente qualquer **verdade**, o homem precisa de ajuda **divina**, para que o **intelecto** possa ser levado por Deus a agir."

O APRENDIZADO DE TODA UMA VIDA

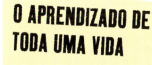

Como membro da ordem dominicana, Aquino embarcou numa vida de aprendizado, ensino e escrita. Sua produção nesse período foi vasta – mais de 60 obras, incluindo a enorme *Suma Teológica*, feita de milhares de páginas escritas à mão por escribas, buscando responder um grande leque de perguntas a respeito de Deus e da igreja.

O UNIVERSO NEM SEMPRE EXISTIU

Aquino foi parcialmente responsável por popularizar a obra de Aristóteles na Europa medieval, lendo traduções do árabe e comentando-as. Ele até se referiu a Aristóteles como "O Filósofo" em toda a sua *Suma Teológica*. Mas Aquino não adotou todas as teorias de Aristóteles, discordando dele, em especial, sobre a ideia de que o universo e a Terra não tiveram um começo e eram eternos.

A FÉ E A RAZÃO PODERIAM SER RECONCILIADAS

Aquino viveu num tempo em que a igreja e a teologia lutavam com a ciência e a filosofia. Muitas pessoas não achavam lugar para a filosofia no cristianismo, especialmente no caso de não cristãos como Aristóteles. Aquino acreditava que, já que "ambos os tipos de conhecimento no fim das contas vêm de Deus", poderiam agir conjuntamente para ajudar um ao outro.

O que é o TEMPO?

NO MUNDO MODERNO, TEMOS UMA CONSCIÊNCIA ESPECIAL SOBRE A PASSAGEM DO TEMPO. EXPERIMENTAMOS A MUDANÇA DAS ESTAÇÕES E O PASSAR DOS DIAS E INVENTAMOS MANEIRAS DE MEDIR O TEMPO, APESAR DE SER DIFÍCIL DEFINI-LO. TAMBÉM O EXPERIMENTAMOS COMO UM ASPECTO FUNDAMENTAL DE NOSSA EXISTÊNCIA CONFORME ENVELHECEMOS.

> **NADA É PERMANENTE, EXCETO A MUDANÇA.**
> — HERÁCLITO

Existência e mudança

Os primeiros filósofos a olhar o mundo ao seu redor viram um universo aparentemente complexo, no qual as coisas mudam constantemente com o tempo. Ao tentar entender a natureza da realidade, eles buscavam alguma estabilidade – encontrar as coisas que são eternas e imutáveis. A mudança no mundo era algo a ser explicado, por exemplo, em termos de combinações e recombinações de elementos ou átomos imutáveis. Heráclito, no entanto, aceitou que o universo muda o tempo todo, mas disse que as coisas que antes eram consideradas eternas e imutáveis estão, na verdade, num "estado de fluxo". Explicou que, assim como não podemos entrar num mesmo riacho duas vezes por causa do seu fluxo contínuo, não podemos experimentar o mundo da mesma forma em épocas diferentes. A realidade, de acordo com Heráclito, consiste não de coisas ou substâncias que estão sujeitas à mudança, mas de processos que acontecem com o passar do tempo.

Kant disse que o espaço e o tempo são "óculos irremovíveis" e parte do sistema de organização da mente.

Consciente do tempo

Muitos séculos mais tarde, Immanuel Kant explicou a realidade em termos de um mundo das coisas "em si", que estão fora do espaço e do tempo, diferentemente do mundo que experimentamos. Apesar de vivermos num mundo de espaço e tempo, Kant disse que não experimentamos o tempo diretamente, mas temos um sentimento ou impressão do tempo somente a partir de coisas no mundo que muda

> **A REALIDADE É UM PROCESSO HISTÓRICO.**
> — GEORG HEGEL

DE VOLTA PARA O FUTURO

Teorias da física sugerem que viajar no tempo talvez seja possível. Isso levanta interessantes problemas filosóficos sobre a natureza do tempo, bem como sobre a existência e a identidade. Por exemplo, se eu viajasse ao passado e matasse minha avó antes de meu pai nascer, eu não existiria hoje. E se eu visitasse o meu eu mais jovem, para avisá-lo sobre os erros que cometi, eu não os teria cometido.

Veja também: 46-47

Metafísica

EXISTIMOS TANTO NO ESPAÇO QUANTO NO TEMPO.

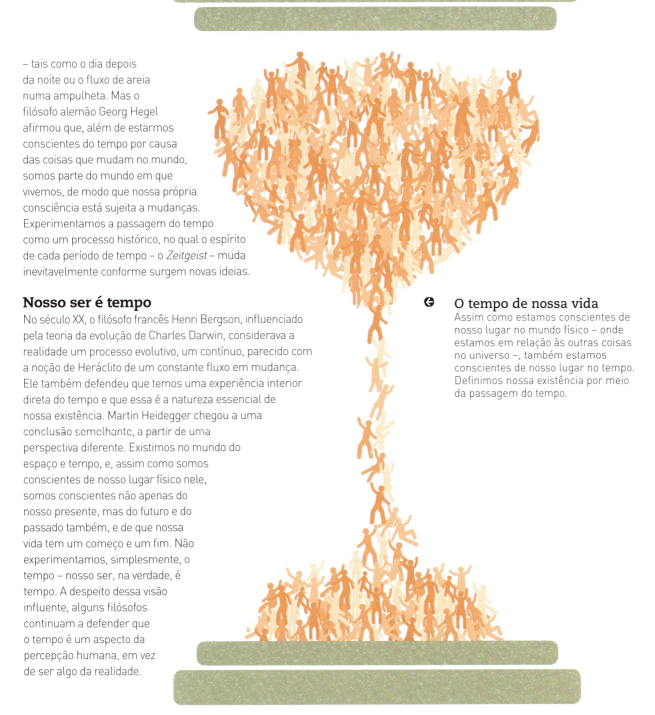

– tais como o dia depois da noite ou o fluxo de areia numa ampulheta. Mas o filósofo alemão Georg Hegel afirmou que, além de estarmos conscientes do tempo por causa das coisas que mudam no mundo, somos parte do mundo em que vivemos, de modo que nossa própria consciência está sujeita a mudanças. Experimentamos a passagem do tempo como um processo histórico, no qual o espírito de cada período de tempo – o *Zeitgeist* – muda inevitavelmente conforme surgem novas ideias.

Nosso ser é tempo

No século XX, o filósofo francês Henri Bergson, influenciado pela teoria da evolução de Charles Darwin, considerava a realidade um processo evolutivo, um contínuo, parecido com a noção de Heráclito de um constante fluxo em mudança. Ele também defendeu que temos uma experiência interior direta do tempo e que essa é a natureza essencial de nossa existência. Martin Heidegger chegou a uma conclusão semelhante, a partir de uma perspectiva diferente. Existimos no mundo do espaço e tempo, e, assim como somos conscientes de nosso lugar físico nele, somos conscientes não apenas do nosso presente, mas do futuro e do passado também, e de que nossa vida tem um começo e um fim. Não experimentamos, simplesmente, o tempo – nosso ser, na verdade, é tempo. A despeito dessa visão influente, alguns filósofos continuam a defender que o tempo é um aspecto da percepção humana, em vez de ser algo da realidade.

O tempo de nossa vida

Assim como estamos conscientes de nosso lugar no mundo físico – onde estamos em relação às outras coisas no universo –, também estamos conscientes de nosso lugar no tempo. Definimos nossa existência por meio da passagem do tempo.

O que é a realidade?

Qual o sentido da minha **EXISTÊNCIA?**

OS FILÓSOFOS QUE EXAMINAM QUESTÕES DA EXISTÊNCIA CADA VEZ MAIS SE VOLTAM DO MUNDO AO SEU REDOR PARA O NOSSO LUGAR NESSE MESMO MUNDO. ALGUNS EXAMINAM A NATUREZA DA EXISTÊNCIA HUMANA – A FORMA COMO EXISTIMOS COMO INDIVÍDUOS - E SE PODEMOS ENCONTRAR SENTIDO EM NOSSA VIDA.

Apesar de Søren Kierkgaard ter lutado para encontrar sentido na vida, ele nunca perdeu sua fé em Deus.

Veja também: 32–33, 46–47, 58–59

Somos livres para escolher

Um dos filósofos mais conhecidos no que diz respeito a existir como ser humano foi o dinamarquês Søren Kierkgaard, no século XIX. Ele acreditava que, já que as diversas explicações filosóficas da existência estavam em desacordo com nossa experiência individual, temos a habilidade de fazer escolhas que moldam nossa vida. Temos a liberdade, defendia, de tomar decisões morais sobre como levamos nossa vida, e isso é capaz de dar sentido a ela. Mas essa liberdade de escolha não nos traz necessariamente felicidade alguma. Pelo contrário, quando percebemos que somos absolutamente livres para escolher fazer o que quisermos, nossa mente vacila, e temos sentimentos de medo e ansiedade. Essa "vertigem de liberdade", como Kierkgaard a chamou, vem da percepção de nossa própria existência e da responsabilidade pessoal.

Temos, então, que decidir se isso nos leva ao desespero e escolher não fazer nada, ou viver de forma "autêntica", fazendo escolhas que dão sentido à nossa vida.

Percebendo o potencial

Outros filósofos tomaram a ideia de Kierkgaard de que somos livres para moldar nossa vida por nós mesmos. Friedrich Nietzsche, por exemplo, argumentava que cabia a cada indivíduo perceber seu potencial, em vez de ter decisões ditadas por alguma convenção ou religião. Tempos depois, Edmund Husserl assumiu a visão de que se, como afirmava Immanuel Kant, existe um mundo das coisas em si, separado do espaço e do tempo, que não temos meios de entender ou experimentar, quaisquer ideias que tenhamos desse mundo são simples especulações. Podemos, da mesma forma, ignorar tudo isso por todas as razões práticas e nos concentrar no mundo conforme o experimentamos. Husserl chamou tal ideia de *Lebenswelt* – o mundo em que vivemos. Essa abordagem subjetiva,

POR QUE EXISTE O SER E NÃO O NADA? EIS A QUESTÃO.

MARTIN HEIDEGGER

Metafísica

SOMOS LIVRES PARA ENCONTRAR O NOSSO PRÓPRIO SENTIDO NA VIDA.

← Livre pensar
Alguns filósofos acreditam que os indivíduos são livres para fazer o que quiserem com sua vida. Não temos que viver segundo as limitações de nossa sociedade.

concentrada em nossa própria experiência, foi mais tarde assumida por Martin Heidegger, que argumentou que a filosofia tentou encontrar explicações para a existência, mas para entender a existência temos primeiro que examinar a nós mesmos e à nossa existência – o que significa para nós existir.

O sentido da vida

As ideias de Heidegger tiveram grande influência na geração seguinte de filósofos, especialmente na França. O termo "existencialismo" foi cunhado para descrever a filosofia que emergiu na segunda metade do século XX. Essa filosofia examinou a existência humana – em particular a busca pelo sentido ou propósito na vida num mundo que cada vez mais rejeitou Deus e a religião. Jean-Paul Sartre foi o principal dentre todos esses filósofos, dizendo que não escolhemos existir – nascemos num mundo ao qual estamos presos –, mas, tendo chegado a uma percepção de nossa própria existência, temos que criar nosso próprio propósito na vida para lhe dar sentido. Albert Camus, que, como Sartre, foi romancista além de filósofo, era mais pessimista. Ele assumiu a visão de que essencialmente não existe um propósito a ser encontrado em nossa vida, e, para lidarmos com a ansiedade que surge de nossa autoconsciência, temos a opção de aceitar a futilidade e o absurdo da existência ou escolher não existir.

> **O HOMEM ESTÁ CONDENADO A SER LIVRE, POIS, UMA VEZ LANÇADO NO MUNDO, ELE É RESPONSÁVEL POR TUDO O QUE FAZ.**
> **JEAN-PAUL SARTRE**

ANGÚSTIA EXISTENCIAL
Søren Kierkgaard descreveu a ansiedade que sentimos quando nos conscientizamos de nossa existência e das escolhas que temos que fazer – a "angústia existencial" – como algo similar ao sentimento de estarmos em pé diante de um abismo. Estamos ansiosos não apenas porque temos medo de cair, mas também porque experimentamos o impulso de nos jogar. Percebemos que somente nós mesmos podemos decidir se pulamos ou não.

O que é a realidade?

ESPAÇO E TEMPO

A ideia de que os átomos eram os blocos que construíram o universo foi proposta pela primeira vez pelos filósofos da Grécia Antiga. Estudos recentes na mecânica quântica sugerem que as partículas subatômicas podem se mover tanto para a frente quanto para trás no tempo e podem estar em lugares diferentes no mesmo instante, fazendo com que seja possível, teoricamente, viajar no tempo.

A metafísica
NA PRÁTICA

NO COMEÇO

Os cientistas, assim como os filósofos antes deles, debateram se o universo sempre existiu. Teorias recentes, como a do Big Bang, sugerem que o universo teve um começo definido e que nada, nem mesmo o próprio tempo, existia antes disso.

A VIDA É ASSIM

Nosso desejo de entender a natureza das coisas que existem fez surgir ciências como a física e a química, bem como as ciências biológicas, que estudam os seres vivos. A genética está bem próxima de explicar a própria vida, e os avanços na medicina tornaram possível até reparar genes e tratar doenças.

Metafísica

A VIDA NA TERRA

Existe uma enorme variedade de coisas no mundo, tanto vivas quanto inanimadas. A partir da tentativa de entender as razões de tão impressionante diversidade surgiu a ciência da ecologia, que examina a interdependência de todos os seres vivos e seu ambiente.

O SENTIDO DA VIDA

Tratar da mortalidade e aparente falta de sentido de nossa existência pode ser traumático, mas os filósofos existencialistas também influenciaram ramos da psicoterapia que nos ajudam a assumir responsabilidade por nossas ações e achar um propósito para nossa vida.

A metafísica é o ramo da filosofia que se ocupa com a natureza da existência, levantando questões a respeito do mundo ao nosso redor, as quais as ciências naturais tentam responder. Ela também examina a razão de nossa existência, que pode influenciar a maneira como vivemos nossa vida.

OUTROS MUNDOS

Quase três quartos da população mundial têm uma crença religiosa, e a maioria acredita em alguma forma de mundo fora deste em que vivemos. Noções de vida após a morte, céu e inferno ou o acesso a outro mundo por meio de práticas religiosas com frequência moldam a maneira como as pessoas vivem.

O que é a MENTE?

Existe essa coisa chamada alma IMORTAL?

A sua MENTE é separada do seu corpo?

O que é a CONSCIÊNCIA?

Os ANIMAIS também têm pensamentos e sentimentos

Você SENTE como eu sinto?

O que FAZ você ser VOCÊ?

Será que os COMPUTADORES pensam?

Será que a ciência é capaz de explicar como nossa MENTE FUNCIONA?

A filosofia da mente tem suas raízes na ideia religiosa de que temos uma alma imortal responsável por pensamento, raciocínio e sentimentos. Alguns filósofos defenderam que a mente está separada do nosso corpo físico. Esse ramo da filosofia também questiona se podemos saber alguma coisa sobre a mente de outras pessoas, além de estudar a consciência.

Existe essa coisa chamada alma **IMORTAL?**

É UMA CRENÇA CENTRAL A MUITAS RELIGIÕES QUE, ALÉM DO NOSSO CORPO FÍSICO, TEMOS UMA ALMA QUE CONTINUA DEPOIS DA MORTE. MAS EXISTEM OPINIÕES DIVIDIDAS ENTRE OS FILÓSOFOS SOBRE A EXISTÊNCIA DE UMA ALMA IMORTAL. ALGUNS DEFENDEM QUE TEMOS UM "ESPÍRITO", QUE É IMATERIAL E ETERNO, ENQUANTO OUTROS ACREDITAM QUE ELE PERECE COM O NOSSO CORPO FÍSICO.

A psique eterna

Durante a maior parte da história da filosofia ocidental, poucos filósofos duvidaram que temos componentes tanto físicos quando não materiais em nossa existência. Suas crenças diferiam, no entanto, em relação à parte não material de nosso ser. Sócrates e Platão, por exemplo, acreditavam que os humanos possuem tanto um corpo físico quanto uma "psique", a qual corresponde àquilo que hoje chamamos alma, espírito ou mente. A psique, de acordo com Platão, é a verdadeira essência de uma pessoa e consiste de três elementos: *logos* (mente ou razão), *thymos* (emoção ou espírito) e *eros* (desejo ou apetite). Por meio de nossos sentidos, nosso corpo físico experimenta o mundo cotidiano, mas nossa psique dá acesso a um mundo perfeito, separado daquele em que vivemos, o qual ele chamava de Mundo das Ideias. A psique é eterna e imaterial, e Platão defendia que nosso conhecimento inato desse outro mundo é uma memória da nossa psique de sua existência anterior a nosso nascimento. Depois de nossa morte, a psique renasce em outro corpo físico.

> O filósofo grego Empédocles pulou dentro de um vulcão para provar que era imortal. Acabou morrendo.

Corpo e alma

Aristóteles tinha uma explicação muito diferente da psique. Especificamente, ele achava que a psique não existe separada do corpo físico, mas que ela é a essência de qualquer coisa viva – o propósito de seu ser. Todos os seres vivos, não apenas os humanos, têm, nesse sentido, uma "alma", partindo da alma simples das plantas, cuja psique é caracterizada por seu propósito de crescer e reproduzir, passando pelos animais, com propósitos mais complexos na vida, até

A ALMA DE TODOS OS HOMENS É IMORTAL.

SÓCRATES

Filosofia da mente

QUANDO A MORTE CHEGAR, NÃO EXISTIREMOS MAIS.
EPICURO

... MAS NOSSA ALMA VIVE PARA SEMPRE.

Veja também: 20-21, 46-47

a psique humana, que inclui o intelecto e a emoção. A psique de todos os organismos vivos é inseparável de sua existência física, e, para Aristóteles, não é possível haver nenhum organismo vivo sem uma psique, nem uma alma sem um corpo físico. E, já que todas as criaturas vivas são mortais, sua psique morre com elas.

É uma questão de fé
A palavra "alma" tem um sentido diferente para nós hoje da noção de psique de Aristóteles, pois carrega consigo conotações religiosas. A ideia de uma alma imortal que vive depois da morte em outro mundo é um elemento central para o cristianismo e o islamismo, e ambas as religiões incorporaram argumentos de Platão e Aristóteles sobre a existência da alma em suas doutrinas. Na filosofia oriental, especialmente a indiana, a ideia de um "eu" passando continuamente por um ciclo de nascimento e renascimento, no qual a alma reencarna em outro corpo físico, é praticamente assumida como certeza. A crença numa alma imortal, no entanto, assim como a crença na existência de Deus, é, em última instância, uma questão de fé em vez de uma questão filosófica. Mas, mesmo ao rejeitar a ideia da imortalidade da alma, muitos filósofos aceitavam que deve haver algo mais em relação a nosso ser do que simplesmente o nosso corpo físico – algo não material, que podemos chamar de mente.

NOSSO CORPO PODE MORRER...

⬆ O espírito continua
A definição de Platão sobre a psique inclui ideias, emoções e desejos – aquilo que hoje dizemos sobre a mente. Assim como muitas religiões, ele acreditava que a alma continua a viver depois que morremos.

OS ATOMISTAS
Entre os primeiros filósofos a questionar a imortalidade da alma estavam os atomistas Leucipo e Demócrito. Eles não negavam que temos uma alma, mas propuseram que ela, assim como tudo o mais, é feita de átomos e que, depois da morte, as almas se dispersam e se reorganizam em outro lugar na forma de outras coisas. Tempos depois, Epicuro argumentou que, se não existe nada além de átomos e espaço vazio, não poderia haver algo como uma alma não material.

O que é a mente?

A sua mente

EXPERIMENTAMOS COISAS COM OS NOSSOS SENTIDOS, MAS TAMBÉM TEMOS PENSAMENTOS E SENTIMENTOS QUE SÃO MENTAIS, EM VEZ DE FÍSICOS. ALGUNS FILÓSOFOS CONCLUÍRAM QUE TEMOS UMA MENTE QUE NÃO É FEITA DE SUBSTÂNCIA MATERIAL E QUE EXISTE INDEPENDENTE DE NOSSO CORPO FÍSICO. OUTROS ARGUMENTAM QUE A MENTE É PARTE INERENTE DO CORPO.

> **É CERTO QUE SOU REALMENTE DISTINTO DO MEU CORPO E POSSO EXISTIR SEM ELE.**
> **RENÉ DESCARTES**

Uma mente independente

Na tentativa de sustentar sua filosofia na única coisa de que ele não podia duvidar, René Descartes chegou à conclusão de que poderia estar certo de sua existência como um ser pensante – *cogito ergo sum* ("Penso, logo existo"). Seus sentidos, ele percebeu, poderiam ser enganados, e, já que os associava ao seu corpo físico, ele concluiu que o ser que existia e pensava deveria ser independente de seu corpo – uma mente sem substância material. Nosso corpo, adicionou, é puramente físico e se comporta como uma máquina, ao passo que nossa mente é capaz de pensar e raciocinar. Essa ideia de que nossa mente e nosso corpo são duas coisas distintas, conhecida como dualismo mente-corpo, tem muito em comum com a noção religiosa de que temos uma alma. A mente que Descartes descrevia, no entanto, é a esfera de nosso ser mental, e não espiritual.

Um encontro da mente com o corpo

O grande problema em considerar a mente e o corpo como entidades separadas e distintas é que os dois obviamente interagem. Se o corpo fosse simplesmente uma máquina, suas ações teriam que ser controladas pela mente. De forma similar, para a mente experimentar o mundo exterior, ela tem que receber informação dos sentidos. Para um filósofo aceitar o dualismo mente-corpo, o ponto óbvio de conexão está no cérebro, e Descartes chegou a sugerir que a interface entre os dois está na glândula pineal, a qual ele descrevia como "a sede da alma". O filósofo holandês Bento de Espinoza apresentou uma solução diferente para esse problema. Ele propôs que, em vez de consistirmos de um corpo físico e

FISICALISMO

Um grupo de filósofos chamados de fisicalistas acredita que tudo o que existe no mundo pode ser explicado em termos físicos. Isso não quer dizer que tudo tem uma substância física, mas que nossas experiências mentais, por exemplo, podem ser explicadas em termos da fisiologia de nosso cérebro ou da nossa disposição para certos tipos de comportamento. Mas os eventos físicos, defendem eles, têm que ter causas físicas, e uma mente não física não poderia ter efeito sobre o comportamento de nosso corpo físico.

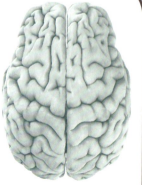

> **A MENTE É PARTE DO INTELECTO INFINITO DE DEUS.**
> **BENTO DE ESPINOZA**

Veja também: 26-27, 76-77

Filosofia da mente

é separada do seu corpo?

↑ Puxando as cordinhas
René Descartes comparava o corpo a uma máquina que era controlada por uma entidade separada – a mente. A mente recebe informações dos sentidos por meio do cérebro e as processa usando o raciocínio.

uma mente não material, nós, e tudo no universo, somos feitos apenas de uma substância material. Tal substância, no entanto, tem dois tipos distintos de propriedades: a física e a mental. Nesse "dualismo de propriedades", como ficou conhecido, nosso corpo físico (e, pensava Espinoza, todas as coisas físicas – até mesmo as rochas) também tem atributos não físicos, mas mentais. Para Espinoza, a ideia tinha significado religioso, já que ele acreditava que essa sustância material era Deus: Deus é o universo e tudo contido nele; tudo isso tem propriedades mentais e físicas.

> A psicologia evoluiu como uma ciência com o propósito específico de estudar a mente.

Fantasma na máquina

Alguns filósofos não aceitaram a ideia dualista de uma distinção entre o mental e o físico. Especialmente no século XX, havia a sensação de que os eventos mentais poderiam ser explicados em termos do funcionamento físico do cérebro. O filósofo inglês Gilbert Ryle dispensou a ideia de uma mente separada do corpo ao dizer que podemos ser enganados ao pensar que uma máquina tem uma mente consciente quando, na verdade, ela está apenas fazendo aquilo para o qual foi desenhada. Tudo o que vemos, defendia ele, é um "fantasma na máquina". De forma similar, o que Descartes considerava uma mente separada é, na verdade, uma parte integral de nosso corpo físico – a forma como ele funciona e se comporta.

O que é a CONSCIÊNCIA?

COMO HUMANOS, PODEMOS EXPERIMENTAR O MUNDO AO NOSSO REDOR ATRAVÉS DE NOSSOS SENTIDOS – E TEMOS PENSAMENTOS E SENTIMENTOS. TAMBÉM TEMOS CONSCIÊNCIA DE TERMOS ESSAS EXPERIÊNCIAS – SOMOS CONSCIENTES DE NOSSAS SENSAÇÕES E PROCESSOS MENTAIS. MAS A CONSCIÊNCIA É ALGO PESSOAL, E É DIFÍCIL DEFINIR EXATAMENTE O QUE É ESTAR CONSCIENTE.

NOSSOS PENSAMENTOS SÃO ORGANIZADOS EM UM FLUXO DE CONSCIÊNCIA...

Estando cientes de nossa existência

Quase todos os filósofos reconheceriam a existência de coisas não materiais como pensamentos e sentimentos. Até mesmo os fisicalistas, que rejeitam a noção de uma mente imaterial separada do corpo, reconhecem que temos ideias e percepções, mas defendem que elas podem ser explicadas em termos da constituição física de nosso corpo e cérebro. Estamos, no entanto, cientes dessas experiências mentais e conscientes de termos tanto uma existência mental quanto física. Temos as sensações físicas – o que vemos, ouvimos, cheiramos, tocamos e saboreamos através de nossos órgãos dos sentidos – e temos consciência delas. Também temos pensamentos, memórias e sentimentos que são puramente mentais. Nossa consciência desses fenômenos mentais e, talvez ainda mais importante, nossa autopercepção, é o que experimentamos como consciência.

William James gostava de ir a sessões espíritas e era presidente da sociedade britânica para pesquisas espiritualistas.

Um feixe de sensações

A noção de que a consciência é a percepção de sensações, pensamentos e sentimentos levanta alguns problemas. É impossível examinar a consciência objetivamente. Só posso olhar para minha própria mente consciente e não posso

> **A MENTE É UM TIPO DE TEATRO ONDE VÁRIAS PERCEPÇÕES APARECEM SUCESSIVAMENTE.**
> DAViD HUME

Filosofia da mente

> **DENTRO DE CADA CONSCIÊNCIA PESSOAL O PENSAMENTO É SENSIVELMENTE CONTÍNUO.**
> **William James**

ter acesso direto à consciência de outra pessoa. Sei como é ter uma experiência consciente, mas não sei sobre a de mais ninguém além da minha. Nossos conceitos de consciência são necessariamente subjetivos e difíceis de definir além de uma descrição de como é para cada um de nós ter um ser consciente. Ainda assim, todos temos uma ideia desse "como é" e de sua parte naquilo que nos dá um senso de nós mesmos. O filósofo escocês David Hume sugeriu que temos pensamentos, experiências e memórias – que ele descrevia como um "feixe de sensações" – que juntos formam a consciência subjetiva que reconhecemos como nosso eu.

A abordagem científica

Noções como a da consciência enfatizam um dos problemas da filosofia da mente, ou seja, podemos experimentar apenas o que acontece em nossa própria mente. Por isso ela tende a ser subjetiva e introspectiva e é considerada não científica. Cientistas que trabalhavam em campos similares buscaram dar às suas investigações do funcionamento da mente um fundamento mais objetivo, científico, e a partir disso surgiu a ciência da psicologia.

Uma consciência em constante mudança

William James, o filósofo, mas também um dos pioneiros da psicologia, tentou dar uma explicação mais científica da consciência. Ele reconheceu que nossa mente não apenas recebe percepções sensoriais do mundo exterior ao nosso redor, como também passa por processos mentais para interpretar tais informações. Organizamos nossos pensamentos e ideias sobre as coisas que experimentamos, fazendo conexões entre elas e armazenando-as em nossa memória. Conforme vivemos, experimentamos constantemente novas coisas, e essas novas percepções acarretam novos pensamentos e ideias. Assim, afirmou James, a consciência não deve ser considerada um estado mental, mas, em vez disso, um processo de mudança contínua. Ele denominou isso de "fluxo de consciência", que é pessoal para cada um de nós.

Veja também: 82-83, 84-85

⬅ Seguindo o fluir
William James descreveu a consciência como um riacho – mudando o tempo todo. Conforme experimentamos novas coisas, nossa mente interpreta a informação e organiza nossos pensamentos de acordo com isso.

RENÉ DESCARTES

1596-1650

Filho de um político francês, René Descartes foi criado pela avó depois que a mãe morreu. Formou-se em direito aos 22 anos, mas descobriu que sua educação, exceto pela matemática, lhe ensinara pouco sobre a certeza. Nunca se casou, apesar de ter tido uma filha, Francine. Passou a maior parte da vida vivendo modestamente de sua herança familiar e desenvolvendo importantes teorias sobre a razão e a dúvida.

VISÕES DE UM ITINERANTE

A partir de 1618, Descartes passou uma década viajando pela Europa. Alistou-se no Exército holandês, visitou a Hungria, a Boêmia (hoje parte da República Tcheca), a França e a Itália. Em 1619, teve três sonhos estranhos que o levaram a acreditar que tudo na ciência poderia ser entendido graças à razão. Fixou-se na Holanda, mas nunca viveu num único lugar por muito tempo, tendo mudado pelo menos 18 vezes em 22 anos.

Descartes nasceu em La Haye en Touraine, um povoado na França central que em 1967 mudou de nome para Descartes em homenagem a ele.

COMIGO, TUDO VIRA MATEMÁTICA

Apesar das descobertas na ótica e em outras ciências, Descartes era principalmente filósofo e matemático. Acreditava que os problemas poderiam ser quebrados em partes mais simples; e aplicou a álgebra à geometria, criando a geometria analítica. Desenvolveu as coordenadas cartesianas para localizar um ponto no espaço em três dimensões, algo que explicou no livro *La Géométrie* (1637).

Filosofia da mente

> "Se quiser buscar **realmente** a **verdade**, é preciso que pelo menos uma vez em sua vida **você duvide**, o máximo que puder, de todas as coisas."

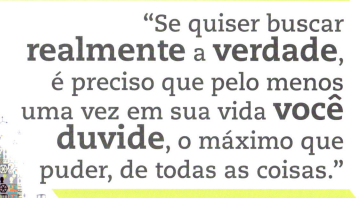

PENSO, LOGO EXISTO

Descartes lançou dúvidas sobre a confiabilidade dos sentidos humanos, bem como sobre as opiniões de especialistas. Desenvolveu um sistema, esboçado em seu *Discurso sobre o método* (1737), em que tudo era metodicamente duvidado até que fosse plenamente provado. Sua primeira certeza foi expressa em latim: *cogito ergo sum*, ou seja, "Penso, logo existo".

DORMINHOCO

Na infância, Descartes tinha uma saúde fraca, o que o obrigava a dormir até meio-dia – um hábito que manteve por toda a vida, já que dizia que pensava melhor na cama. Teve de romper com a tradição entre 1649 e 1650, quando foi tutor da rainha Cristina da Suécia, que insistia em reuniões diárias às cinco da manhã. Infelizmente, tais reuniões matinais não fizeram bem a Descartes, pois logo ele teve pneumonia e morreu.

O que é a mente?

Os **ANIMAIS** também têm pensamentos e sentimentos

ATÉ POUCO TEMPO ATRÁS, MUITOS FILÓSOFOS CONSIDERAVAM OS HUMANOS DE ALGUMA FORMA DIFERENTES DOS OUTROS ANIMAIS POR CAUSA DE SEUS (SUPOSTAMENTE) SUPERIORES PODERES DE RACIOCÍNIO. HOJE, NO ENTANTO, A MAIORIA DAS PESSOAS RECONHECE QUE OS ANIMAIS TAMBÉM SENTEM DOR E QUE MUITOS TÊM A HABILIDADE DE RACIOCINAR. SERÁ QUE A MENTE DOS ANIMAIS É ASSIM TÃO DIFERENTE DA NOSSA?

PENSO, LOGO EXISTO.

Máquinas biológicas

No mundo ocidental, desde o tempo dos primeiros filósofos gregos até o século XIX, era consenso que o que distinguia os humanos dos animais era o fato de termos uma alma imortal. Mesmo quando os filósofos afastaram sua atenção do conceito de alma e passaram a pensar na mente e em nossa habilidade de racionalizar, o raciocínio era considerado uma habilidade unicamente humana. René Descartes, por exemplo, defendia que a mente é separada do corpo físico, mas só nos humanos. Os animais, acreditava, são incapazes de raciocinar e, logo, não têm mente – são simplesmente máquinas biológicas que se comportam como brinquedos mecânicos.

O animal humano

A ideia de que os animais são criaturas sem alma ou mente era generalizada, até que Charles Darwin desafiou o pensamento convencional com sua

⬅ Ideias caninas

René Descartes acreditava que os animais simplesmente reagiam aos estímulos de seus sentidos e não pensavam nem sentiam. Tempos depois, filósofos passaram a argumentar que, já que os próprios humanos são animais, outros animais talvez sofressem do mesmo jeito.

Filosofia da mente

teoria da evolução. Entre outras coisas, ela demonstrava que os humanos haviam evoluído como parte do mundo natural. Com isso veio a crescente percepção de que, já que somos simplesmente outra espécie no mundo dos animais, talvez eles compartilhem conosco características que antes assumíamos como unicamente humanas. A atitude em relação aos animais mudou rapidamente, e a ideia de que eles são seres conscientes, capazes de sentir, ganhou terreno. Isso levou a movimentos que exigiam a diminuição da crueldade com os animais, conforme as pessoas questionavam a moralidade de esportes violentos e a experimentação com animais. Desde o século XX, um crescente número de pessoas insiste que matar animais para alimentação é antiético.

Direitos dos animais

Conforme a visão de que alguns animais podem sentir dor passou a ser aceita, os filósofos se voltaram às questões sobre a capacidade de os animais pensarem como nós. O filósofo australiano Peter Singer defendia que, se os animais são capazes de sentir dor e se acreditamos que é errado infligir dor desnecessária, então é moralmente errado sujeitá-los a sofrimentos desnecessários. Ele sugeriu que os animais, assim como os humanos, têm direitos naturais à vida e não devem sofrer aflições desnecessárias. A noção de direitos dos animais foi aceita apenas por uma minoria, tendo levantado muitas críticas. Por exemplo, usa-se, com frequência, animais na pesquisa médica para encontrar tratamentos que diminuiriam o sofrimento humano. Nesse caso, parece que nosso direito pesa mais que o dos animais. Também costumamos dar mais valor ao direito dos mamíferos que ao dos invertebrados: existem protestos, por exemplo, contra a caça de filhotes de foca, mas não nos importamos em chamar um dedetizador para livrar nossa casa de cupins.

Tem sido sugerido que, quando falamos de direitos dos animais, somos culpados de antropomorfismo, ou seja, de projetar nossas próprias ideias e sentimentos a eles. Alguns filósofos modernos dizem que devemos examinar nossa própria moralidade, especialmente ao tratarmos os animais como meios para chegar a um fim, como fonte de alimento ou como cobaias de nossas experiências.

> **NO SOFRIMENTO, OS ANIMAIS SÃO NOSSOS IGUAIS.**
> PETER SINGER

Fiel à sua crença de que é moralmente errado infligir dor aos animais, Peter Singer é vegetariano desde 1971.

> **OS ANIMAIS INFERIORES, ASSIM COMO O HOMEM, SENTEM PRAZER E DOR, FELICIDADE E TRISTEZA.**
> CHARLES DARWIN

RATOS DE LABORATÓRIO

Uma das principais razões de fazer experiências com animais é evitar tentativas antiéticas que causariam dor e sofrimento em cobaias humanas. Os psicólogos têm observado que o comportamento dos ratos, por exemplo, pode trazer uma luz quanto ao funcionamento da mente humana. Isso pressupõe que a mente deles é parecida com a nossa – se for, surge a questão se é ético usá-los em experiências; e, se não for, tais experiências nada dirão sobre a mente humana.

Veja também: 66-67, 68-69

Você **SENTE** como eu

QUANDO INTERAGIMOS COM OS OUTROS, ASSUMIMOS COMO CERTO QUE ELES TÊM PENSAMENTOS E EMOÇÕES PARECIDOS COM OS NOSSOS. CADA UM DE NÓS SABE O QUE É EXPERIMENTAR DOR OU PRAZER E A MANEIRA COMO REAGIMOS A TAIS SENSAÇÕES. ENTRETANTO, NÃO SOMOS CAPAZES DE OLHAR DENTRO DA MENTE DAS PESSOAS, LOGO, COMO PODEMOS SABER QUE ELAS PENSAM E SENTEM DO MESMO JEITO QUE NÓS?

> QUE VEJO DESTA JANELA SENÃO CHAPÉUS E CASACOS QUE PODEM COBRIR ESPECTROS OU HOMENS FICTÍCIOS...?
> **RENÉ DESCARTES**

É uma experiência subjetiva

Um dos maiores problemas para os filósofos que se ocupam da mente humana é saber se todas as pessoas experimentam as coisas da mesma maneira. Filósofos como René Descartes chegaram às suas teorias da mente sobretudo através de raciocínios introspectivos – examinando sua própria mente e processos mentais – e pressupunham que a mente das outras pessoas funciona da mesma forma. Alguns filósofos disseram que o conteúdo de nossa mente é pessoal e oculto para qualquer pessoa – não temos acesso a ele. Só podemos conhecer diretamente o que se passa em nossa própria mente, e tirar conclusões a partir de um único caso é algo temerário para qualquer teoria. Que justificativa tenho eu para crer que minha experiência subjetiva das coisas, como dor e prazer, e até mesmo da minha própria consciência, é a mesma de todos os outros?

É certo que todo mundo sente dor?

Existe um argumento, de senso comum, que sustenta nosso sentimento intuitivo que diz que a mente de outras pessoas funciona da mesma maneira que a nossa, ao usarmos a evidência de seu comportamento. Por exemplo, sei que quando bato minha cabeça numa porta experimento uma sensação de dor, e minha resposta pode ser um tipo de comportamento, como dar um passo atrás, gritar "ai" ou falar um palavrão. Quando vejo outras pessoas batendo a cabeça e respondendo com o mesmo comportamento, concluo que também estão experimentando dor. Reconhecemos tipos universais de comportamento, como o choro ou a risada, e os associamos instintivamente aos sentimentos subjetivos que temos e que provocam a mesma reação em nós. Já que todos mostramos respostas similares a estímulos

Ninguém consegue "ler" mentes, mas podemos, com frequência, encontrar pistas nas expressões faciais de outras pessoas.

sinto?

externos, não parece razoável concluir que todos experimentamos os mesmos pensamentos e sensações e que a nossa mente funciona de forma parecida?

Talvez sejamos todos diferentes

O argumento do senso comum ainda tira conclusões a respeito de outras mentes baseado numa única observação: a minha própria mente. Como posso saber se, já que todos reagem da mesma forma em relação às coisas, todos têm as mesmas sensações? Uma mulher gritando "ai" depois de dar com a cabeça na porta talvez esteja apenas copiando o comportamento de outra pessoa sentindo dor, e não experimentando, de fato, a sensação. Da mesma forma, talvez algo que ela veja como vermelho eu veja como azul. Já que suas experiências interiores estão escondidas de mim, não consigo saber o que ela sente ou vê, sendo apenas capaz de concluir indiretamente a partir de seu comportamento ou daquilo que ela me diz. Mas talvez isso baste: afinal de contas, aceitamos descrições de lugares distantes sem tê-las experimentado pessoalmente.

ZUMBIS FILOSÓFICOS

Na filosofia, os zumbis não são os mortos-vivos dos filmes de Hollywood. Em vez disso, são pessoas que se parecem conosco e se comportam como nós, mas que na verdade não têm consciência. Se você bater num zumbi, ele reagirá como nós, mas não sentirá dor. Os filósofos usaram o conceito de zumbis para questionar a ideia de que tudo da natureza humana tem causas puramente físicas: são as nossas experiências conscientes – nossa mente – que nos distinguem dos zumbis.

➲ Travados na mente
Gostamos de pensar que sabemos o que as outras pessoas estão pensando e sentindo, mas não podemos ver diretamente o que se passa em suas mentes. Concluímos isso a partir de seu comportamento.

O que é a mente?

O que FAZ você

CADA UM DE NÓS É UM INDIVÍDUO ÚNICO. CADA UM TEM UM CORPO FÍSICO DIFERENTE DE TODOS OS OUTROS, MAS TAMBÉM TEMOS UM "EU" DIFERENTE – UMA IDENTIDADE PESSOAL QUE INCLUI NOSSOS PENSAMENTOS, SENTIMENTOS E MEMÓRIAS. MUDAMOS BASTANTE, FÍSICA E FISIOLOGICAMENTE, DURANTE NOSSA VIDA, MAS AINDA ASSIM SENTIMOS TER A MESMA IDENTIDADE.

O barco de Teseu

Existe uma velha piada sobre um carpinteiro que teve o mesmo martelo por 50 anos, tendo trocado sua cabeça só três vezes e o seu cabo, duas. Ela nos diz algo a respeito da atitude instintiva que temos sobre nossa identidade. O filósofo Thomas Hobbes explorou as ideias que temos sobre identidade pessoal conforme envelhecemos usando uma história parecida. Teseu, contou ele, saiu para uma longa viagem no mar, e, durante a jornada, o barco precisou de vários consertos. Aos poucos, cada parte do barco acabou sendo substituída por uma nova, mas ainda pensamos que o barco que terminou a jornada era o mesmo que partiu, mesmo que nada do original tenha ficado. A mesma coisa acontece conosco conforme envelhecemos. As células do nosso organismo são substituídas o tempo todo, de modo que após alguns anos somos completamente diferentes fisicamente. Nossas ideias, pensamentos e sentimentos também mudam bastante, mas acreditamos que ainda somos a mesma pessoa.

Thomas Hobbes não era fã de palestras universitárias sobre filosofia, queixando-se da "frequência de falas insignificantes".

Crise de identidade

Os filósofos têm se perguntado sobre o que é identidade e concordam que é a parte não física de nosso ser – a mente – que nos define. Nossos pensamentos e crenças talvez mudem com a idade, mas continuamos essencialmente a mesma pessoa.

Filosofia da mente

ser VOCÊ?

Hardware e software

Para filósofos como Hobbes, o problema é: se mudamos tanto, o que faz nossa identidade pessoal? Será que há uma parte de nós que não muda? Diferentemente do barco de Teseu, somos seres vivos e temos uma vida singular. Nossas células podem ser trocadas, e podemos até ter alguns órgãos transplantados, mas ainda assim continuamos sendo o mesmo organismo. Mas, se fosse possível fazer um transplante de cérebro, talvez isso implicasse uma mudança de identidade – consideraríamos como se o cérebro tivesse assumido um novo corpo, e não o corpo aceitado o cérebro como uma nova "parte sobressalente". Assim, pode ser que o cérebro seja o lugar onde está a nossa identidade, mas o que faz que esse órgão específico seja diferente do, digamos, coração? A resposta parece ser que não é o "hardware" do cérebro, as células físicas, que o diferencia, mas o "software", com o que se passa dentro de nosso cérebro – nossos pensamentos, memórias e sentimentos –, que define nossa identidade individual.

Continuidade da existência

Parece que o que nos faz ser o que somos depende de nossa mente, em vez de nosso corpo. Ainda assim, mudamos tanto

> **POR CAUSA DA NATUREZA INQUEBRANTÁVEL DO FLUXO, SEGUNDO O QUAL A MATÉRIA DECAI E É SUBSTITUÍDA, ELE É SEMPRE O MESMO HOMEM.**
> THOMAS HOBBES

> **NA MEDIDA EM QUE ESTA CONSCIÊNCIA PODE SER AMPLIADA PARA TRÁS, ATÉ UMA AÇÃO OU PENSAMENTO PASSADO QUALQUER, NA MESMA MEDIDA SE ESTENDE A IDENTIDADE DAQUELA PESSOA.**
> JOHN LOCKE

psicológica quanto fisicamente conforme envelhecemos, e pensamos e sentimos de maneira diferente em vários estágios de nossa vida. Nossas ideias e opiniões de quando ainda éramos jovens podem ser totalmente diferentes das crenças que temos depois de velhos. Não apenas sentimos de forma diferente, mas somos vistos de modo diferente por outras pessoas. Quando você encontra alguém que não via há muito tempo, essa pessoa talvez tenha ideias muito diferentes daquela de que você se lembra, porém ainda assim você a reconhece como a mesma pessoa – ela manteve a mesma identidade. John Locke sugeriu que, assim como temos uma vida contínua e única como um organismo físico, a nossa mente também tem uma existência contínua. A identidade pessoal envolve a continuidade da consciência, a qual ele considerava enraizada na memória.

John Locke usava tinta invisível para escrever cartas perigosas para suas muitas amigas.

Veja também: 76-77

O TELETRANSPORTE

Na ficção científica, um teletransportador pode "mandar" alguém de um lugar a outro. Talvez, no entanto, a máquina não transporte de verdade a pessoa, mas faça uma cópia idêntica dela em outro lugar e destrua a original. A nova pessoa é exatamente a mesma e até pensa que é a original, mas obviamente não é. E, se por acidente, a original não tiver sido destruída, ambas acharão que têm a mesma identidade.

THOMAS HOBBES
1588-1679

Thomas Hobbes tinha 16 anos quando seu pai, vigário da igreja de Westport em Wiltshire, Inglaterra, largou a família após brigar com um colega na escadaria da igreja. O adolescente Thomas dependeu de seu tio, um fabricante de luvas, para sustentá-lo até terminar os estudos clássicos na Universidade de Oxford. Logo depois se tornou tutor de jovens nobres como Charles II, o futuro rei de Inglaterra, Escócia e Irlanda.

FUGINDO DA GUERRA

Hobbes viajou bastante pela Europa com aqueles a quem servia como tutor e conheceu tanto o astrônomo Galileu Galilei quanto René Descartes. Em 1640, com a aproximação da guerra civil na Inglaterra, o monarquista Hobbes fugiu para a França. Durante seus onze anos por lá, publicou *Do cidadão* (1642), sobre a Igreja e o Estado, e completou sua obra mais influente sobre a sociedade, *Leviatã* (1651).

"SOLITÁRIA, POBRE, SÓRDIDA, EMBRUTECIDA E CURTA"

A descrição sombria de Hobbes sobre a vida humana (acima) vem de sua visão de que as pessoas são, essencialmente, seres egoístas guiados pelo medo da morte e pela esperança de ganho pessoal. Sem a sociedade, todos entrariam num "estado de natureza" no qual apenas as metas pessoais de curto prazo valeriam, em detrimento da cooperação e dos planos de longo prazo.

UM CONTRATO SOCIAL

Para escapar do estado de natureza, Hobbes vislumbrava as pessoas estabelecendo um contrato social: abrindo mão de algumas de suas liberdades individuais, desde que os outros façam o mesmo, pelo bem da segurança e da cooperação. Essa cessão de direitos em troca da proteção de qualquer interesse remanescente atraiu a atenção de todos, especialmente na Europa, onde Hobbes era respeitado.

Filosofia da mente

> "Quando se constrói sobre **falsos** fundamentos, quanto mais se constrói, **maior é a ruína.**"

"ALIANÇAS, SEM A ESPADA, SÃO APENAS PALAVRAS"

Hobbes defendia que um contrato social funcionaria somente se apoiado por uma forma de poder externo que forçaria as pessoas a obedecer. Ele usou o Leviatã (monstro marinho mítico) para representar o poder do Estado, que ele concluiu ser a monarquia absolutista: um único soberano ofereceria a menor competição e o menor atrito entre as diversas facções da sociedade.

Em 1666, o *Leviatã* foi incluído numa lista de livros pelo Parlamento britânico a ser investigada sob a acusação de ateísmo. Temendo ser preso, Hobbes queimou muitos de seus manuscritos.

O que é a mente?

Será que os **COMPUTADOR**

A CIÊNCIA DA COMPUTAÇÃO AVANÇOU TANTO QUE HOJE JÁ TEMOS MÁQUINAS QUE PODEM SER PROGRAMADAS PARA FAZER TODO TIPO DE TAREFA, COM FREQUÊNCIA DE MODO MAIS EFICIENTE QUE OS HUMANOS. ALGUMAS MIMETIZAM A ATIVIDADE DO CÉREBRO HUMANO E PARECEM ESTAR "PENSANDO" E "TOMANDO DECISÕES". APESAR DE MOSTRAREM ALGUM TIPO DE INTELIGÊNCIA, A MAIORIA DE NÓS SENTE INSTINTIVAMENTE QUE, NÃO IMPORTANDO QUÃO AVANÇADA SEJA A TECNOLOGIA, AS MÁQUINAS NUNCA SERÃO CAPAZES DE PENSAR DO MESMO JEITO QUE NÓS.

O cérebro é uma máquina leve

A ideia de "inteligência artificial" surgiu com o desenvolvimento da ciência da computação na segunda metade do século XX, quase ao mesmo tempo que os avanços da neurociência traziam uma nova luz ao funcionamento do cérebro humano. As duas ciências se desenvolveram em paralelo e trocaram ideias entre si. Novas tecnologias com imagem revelaram a atividade eletroquímica no cérebro, acompanhando nosso processo de pensamento, e os cientistas da computação tentaram fazer máquinas que operassem de forma parecida. Se o cérebro é simplesmente um objeto físico – uma "máquina leve" –, mas é capaz de pensar por meio de impulsos elétricos internos, quem sabe um dia uma máquina possa fazer o mesmo. O campo de inteligência artificial ajudou a produzir computadores que não são simplesmente "processadores de números", mas podem mimetizar nossos processos mentais, chegando a apresentar conceitos como "lógica difusa", no qual são capazes de executar tarefas complexas como reconhecer faces e jogar xadrez.

> O britânico Alan Turing ficou famoso por seu trabalho como decifrador de códigos durante a II Guerra Mundial.

> UM COMPUTADOR MERECERIA SER CHAMADO DE INTELIGENTE SE PUDESSE ENGANAR UM HUMANO FAZENDO-O CRER QUE ELE É HUMANO.
> **ALAN TURING**

O teste de Turing

Em algumas tarefas, esses computadores alcançam resultados que não podem ser distinguidos dos feitos pelos humanos – quase sempre melhores – e até parecem capazes de tomar decisões. Sugere-se que tenham um tipo de inteligência ou uma forma de pensamento. Alan Turing, um pioneiro na ciência da computação, propõe um teste simples para provar se uma máquina está de fato mostrando inteligência. Um computador e um humano recebem uma série de perguntas escritas e as respondem por escrito. Um

> O COMPUTADOR PROGRAMADO ENTENDE AQUILO QUE O CARRO E A CALCULADORA ENTENDEM, OU SEJA, EXATAMENTE NADA.
> **JOHN SEARLE**

A SALA CHINESA
John Searle desenvolveu um experimento mental que desafia a validade do teste de Turing. Uma pessoa sem nenhum conhecimento do idioma chinês é colocada numa sala com instruções em inglês sobre como responder um conjunto de símbolos chineses com outro conjunto. Pessoas chinesas no lado de fora conseguem ver perguntas em chinês entrando na sala e respostas razoáveis em chinês saindo de lá. Elas erroneamente supõem que a pessoa na sala está participando de uma conversa em chinês.

Filosofia da mente

ACHO QUE SOU TÃO INTELIGENTE QUANTO VOCÊ.

Veja também: 76–77, 78–79

juiz imparcial examina as respostas, e, se ele não conseguir distinguir a diferença, o computador mostra que é capaz de pensar. John Searle questionou, tempos depois, se o teste de Turing realmente funcionava (veja o quadro Sala Chinesa, abaixo à esquerda). Os computadores de hoje com certeza são capazes de copiar inúmeros comportamentos humanos, mas parece que ainda estamos bem longe dos androides quase perfeitamente humanos de filmes de ficção científica como *Blade Runner*.

Máquinas sem mente

Mesmo que existisse um computador ideal que se comportasse de modo que não pudesse ser distinguido de um humano, muitos de nós intuitivamente perceberíamos que ele não teria pensamentos e sentimentos verdadeiros. Talvez ele dê a impressão de que tem inteligência, de que pensa e sente, mas será que realmente teria tal tipo de vida interior? Ou estaria apenas simulando uma vida mental? Um computador que simule um furacão não contém, de fato, um furacão. Então, por que supor que um computador que simule pensamentos e sentimentos tem, de verdade, pensamentos e sentimentos? Se tal máquina física não é capaz de ter uma vida mental interior, como pode ser que tenhamos tal vida interior, dado que nos parecemos, no fim das contas, com máquinas biológicas? Será que realmente importa o material do qual somos feitos?

Fingindo ➋

Um computador talvez dê a impressão de que tem inteligência e pensa do mesmo jeito que nós, mas talvez ele não tenha consciência de que faz isso porque as máquinas não têm mente.

O que é a mente?

Será que a ciência é capaz de exp

ASSIM COMO AS CIÊNCIAS NATURAIS EVOLUÍRAM DO QUESTIONAMENTO FILOSÓFICO DO MUNDO AO NOSSO REDOR, A PSICOLOGIA E A NEUROCIÊNCIA SE DESENVOLVERAM PARA NOS AJUDAR A RESPONDER PERGUNTAS FILOSÓFICAS A RESPEITO DA MENTE E DO CÉREBRO. MAS TALVEZ NEM TODAS AS OPERAÇÕES DA NOSSA MENTE POSSAM SER CIENTIFICAMENTE EXPLICADAS.

> **NOSSA MELHOR TEORIA CIENTÍFICA A RESPEITO DA MENTE É MELHOR QUE O EMPIRISMO FILOSÓFICO; MAS, DE TODAS AS MANEIRAS, ELA AINDA NÃO É MUITO BOA.**
> JERRY FODOR

A mente e o comportamento

A despeito de suas raízes nas questões levantadas pela filosofia da mente, a psicologia tentou achar explicações da maneira como nossa mente funciona a partir de uma perspectiva um tanto quanto diferente. No lugar daquilo que os psicólogos consideravam especulação, eles propuseram várias teorias baseadas na observação científica. Por exemplo, os psicólogos comportamentais examinaram como adquirimos o conhecimento (uma parte importante da epistemologia filosófica) ao analisar o comportamento de animais e humanos conforme aprendem as coisas e em experimentos projetados para testar suas teorias. Mais tarde os psicólogos cognitivos desenvolveram métodos experimentais para investigar como o cérebro armazena informações na memória e como percebemos as coisas ao processar informações a partir de nossos sentidos. A psicologia também examinou outros aspectos do funcionamento de nossa mente, tais como inteligência, personalidade e emoções, para dar explicações científicas de como e por que pensamos e nos comportamos de determinada forma.

Como funciona o cérebro

Enquanto isso, a neurociência observava os processos físicos do cérebro e do sistema nervoso. Os neurocientistas aprenderam como a informação que passa pelos nossos órgãos sensoriais é transmitida para o cérebro e, dele, na forma de sinais eletroquímicos, por nosso sistema nervoso, e também como o cérebro processa essa informação. Usando modernos métodos de imagem, eles têm sido capazes até mesmo de ver a atividade elétrica no cérebro quando processamos informações a partir de nossos sentidos e durante processos mentais como pensamento, tomada de decisões, lembranças e o uso da linguagem. Apesar de a neurociência ter trilhado um longo caminho para explicar o funcionamento do nosso cérebro, ela só consegue mostrar-nos o que está acontecendo fisicamente quando experimentamos algo, o que não é, ao que parece, o mesmo que a nossa experiência consciente subjetiva.

> Os egípcios antigos não tinham muita consideração pelo cérebro – eles acreditavam que o coração era a fonte da sabedoria.

UM NOVA CIÊNCIA

A psicologia não surgiu como ciência até o final do século XIX. Nas universidades americanas, os psicólogos surgiram dentro dos departamentos de filosofia, ao passo que na Europa a psicologia experimental foi, a princípio, considerada um ramo da fisiologia. A psicologia rapidamente se tornou uma disciplina por si só, a ciência da mente e do comportamento – uma ponte entre a filosofia e a fisiologia.

icar como nossa MENTE FUNCIONA?

Além do alcance da ciência?

A neurociência nos deu o conhecimento do "hardware" de nossa mente (o funcionamento físico do cérebro e do sistema nervoso), e a psicologia tem nos dito muito sobre o "software" (a maneira como nossa mente processa informações). Essas ciências estão começando a responder algumas das questões sobre como percebemos o mundo e adquirimos e armazenamos conhecimento a seu respeito. Mas será que tais ciências serão algum dia capazes de nos dizer exatamente o que é a mente ou explicar nossas experiências subjetivas? Ou explicar por que temos os tipos de experiência consciente que temos quando certas coisas acontecem em nosso cérebro?

A pesquisa continua ➤

Psicólogos estudaram os processos mentais, e neurocientistas como o cérebro funciona. Mas a ciência ainda tem que resolver o quebra-cabeça filosófico da mente.

Ou, talvez, por que tais eventos cerebrais deveriam ser acompanhados por experiências conscientes? A ciência talvez consiga dizer muitas coisas sobre como nossa mente funciona, mas parece que existem algumas questões a respeito da nossa mente, e o que se passa nela, que ainda estão além do escopo da ciência.

SERÁ QUE OS CIENTISTAS PODERIAM ESCLARECER O FUNCIONAMENTO DE NOSSA MENTE?

Veja também: 70–71, 82–83

O que é a mente?

EXPERIÊNCIA PESSOAL

Questões sobre consciência, autoconsciência e identidade, que sempre intrigaram os filósofos, também se tornaram um campo de estudo científico. Os neurocientistas agora conseguem ver a atividade em nosso cérebro e identificar padrões e conexões que podem ajudar a dar explicações sobre nossas experiências subjetivas.

Filosofia da mente NA PRÁTICA

BELA DIFERENÇA

As teorias filosóficas sobre o que nos faz ser quem somos serviram de base para a pesquisa psicológica em vários aspectos de nossa mente capazes de nos tornar únicos – tais como os diferentes tipos de personalidade e níveis de inteligência e como desenvolvemos e mudamos psicologicamente conforme envelhecemos.

SAÚDE MENTAL

Distúrbios mentais como depressão ou ansiedade são com frequência tratados com a chamada "cura pela fala" da psicoterapia, enquanto traumas como o luto podem ser ajudados por meio de aconselhamento. Tais técnicas se desenvolveram com base na filosofia da mente, que também é capaz de ajudar os pacientes a dar sentido a problemas mentais.

Filosofia da mente

CORPO E ALMA

A filosofia oriental também influenciou as ideias modernas a respeito da mente. Exercícios como a ioga e técnicas como a meditação – praticados na Índia e na China por séculos – têm sido adotados no Ocidente, e muitos psicólogos concordam que podem ajudar a manter o bem-estar físico e mental.

INTELIGÊNCIA ARTIFICIAL

Os computadores foram originalmente desenhados para desempenhar "contas matemáticas" puramente mecânicas, porém agora são capazes de operações muito mais sofisticadas. Cada vez mais exigimos que eles "pensem" como nós, e a ciência da inteligência artificial é baseada em ideias filosóficas e fisiológicas de como nossa mente funciona.

Filósofos levantaram questões fundamentais sobre nossa mente – o que ela é e como funciona – que foram posteriormente adotadas pelos psicólogos. Ideias filosóficas sobre a mente também mereceram alguma relevância no desenvolvimento de tecnologias como a ciência da computação e a robótica.

DIREITOS ANIMAIS

Tornou-se claro que a consciência não é única dos humanos e que os animais também têm uma mente – e podem, portanto, experimentar coisas de maneira não tão diferente de nós. Saber que eles são capazes de sofrer tanto mental como fisicamente levou a um movimento que cobra um tratamento mais ético dos animais.

O que é
RACIOCÍNIO?

Verdadeiro ou falso? PROVE...

O que é um ARGUMENTO LÓGICO?

Existem tipos diferentes de VERDADE?

O que faz um BOM ARGUMENTO?

O que a LÓGICA tem a ver com a ciência?

Podemos CONFIAR no que a CIÊNCIA nos diz?

Use o SENSO COMUM!

O que a LÓGICA pode nos dizer?

Deve haver uma explicação LÓGICA

Será que RAZÃO e FÉ são compatíveis?

A lógica evoluiu como um ramo da filosofia conforme os filósofos ofereceram argumentos racionais para apoiar suas teorias. É a ciência da construção e da análise de argumentos racionais que busca conclusões com base em certas premissas. Existem diferentes formas de argumento lógico. Reconhecê-las nos ajuda a avaliar a força de uma declaração.

O que é raciocínio?

➲ Um argumento válido
Esse argumento possui duas premissas que levam a uma conclusão. Ele é válido porque a conclusão "Edward gosta de mel" segue uma sequência lógica com base nas premissas. E, se as premissas forem verdadeiras, a conclusão também terá que ser verdadeira.

TODOS OS URSOS GOSTAM DE MEL.   EDWARD É UM URSO.   LOGO, EDWARD GOSTA DE MEL.

Verdadeiro ou

OS FILÓSOFOS DÃO GRANDE ÊNFASE AO USO DA RAZÃO. QUANDO PROPÕEM UMA TEORIA, TENTAM SUSTENTÁ-LA COM UM ARGUMENTO RACIONAL. TAMBÉM PROCURAM FALHAS LÓGICAS NOS ARGUMENTOS QUE SUPOSTAMENTE SUSTENTAM UMA TEORIA. A LÓGICA NOS PERMITE ELABORAR ARGUMENTOS RACIONAIS E AVALIAR COMO UM ARGUMENTO SUSTENTA UMA TEORIA.

Veja também: 92-93, 94-95, 98-99 ➲

Construindo um argumento racional

Simplesmente dizer que acreditamos que algo seja verdadeiro provavelmente não convencerá outras pessoas de nossa opinião. Precisamos apoiar a crença mostrando como chegamos à conclusão e apresentar um argumento para sustentá-la. Um bom argumento mostrará como nos movemos de uma ideia para outra seguindo um caminho lógico. Ele deveria começar com declarações que são aceitas como verdade – as premissas – e inferir uma conclusão. Para estabelecer que a conclusão de um argumento é verdadeira, as premissas têm que ser verdadeiras, e o argumento deve ser logicamente sólido. A lógica nos provê um método de avaliar se nossas inferências são boas ou ruins, e se alguns argumentos são mais fortes que outros.

Chegando à verdade

A lógica nos ajuda a analisar um argumento – ver sua estrutura, sua forma lógica. Podemos, então, avaliar se a nossa conclusão acompanha as premissas ou não. Diz-se que um argumento é válido quando podemos deduzir (resolver) a conclusão a partir das premissas. Tal argumento é conhecido como "dedutivo". Num argumento dedutivo, se as premissas são

O BULE DE RUSSELL
Algumas pessoas, especialmente aquelas com crenças políticas ou religiosas profundas, sentem que cabe aos outros refutar suas alegações, em vez de prová-las elas mesmas. Em resposta a isso, Bertrand Russell propôs que existe um bule em órbita ao redor do Sol, pequeno demais para ser detectado da Terra. Ninguém consegue provar que ele está errado, mas isso não quer dizer que deveríamos aceitar sua teoria.

Lógica

➔ Um argumento inválido
Esse argumento é inválido porque a conclusão "Alguns filósofos são ursos" não segue a sequência lógica das duas premissas. Mesmo que as premissas de um argumento inválido sejam verdadeiras, a conclusão pode não ser.

TODOS OS URSOS GOSTAM DE MEL → ALGUNS FILÓSOFOS GOSTAM DE MEL → LOGO, ALGUNS FILÓSOFOS SÃO URSOS.

falso? PROVE...

verdadeiras, a conclusão também tem que ser verdadeira. Mas ser capaz de deduzir a conclusão a partir das premissas não é suficiente para provar que a conclusão é verdadeira. Ela também depende do conteúdo do argumento. Por exemplo, podemos começar com as premissas "Todos os filósofos são humanos" e "Aristóteles é um filósofo" e partir para a conclusão "Aristóteles é humano". O argumento é convincente porque tem uma forma lógica sólida e a conclusão acompanha as duas premissas. Mas e se em vez disso tivéssemos dito "Todos os filósofos são inteligentes; Aristóteles é um filósofo; logo, Aristóteles é inteligente"? Assim como o primeiro exemplo, esse argumento tem duas premissas que levam a uma conclusão, mas a premissa "Todos os filósofos são inteligentes" pode ou não ser verdadeira. Precisamos de alguma evidência ou de outro argumento para estabelecer sua verdade.

Graus de razoabilidade
Se pudermos estabelecer que as premissas de um argumento são todas muito provavelmente verdadeiras e soubermos que o argumento é válido, então também podemos saber que a conclusão será muito provavelmente verdadeira. Às vezes as premissas de um argumento, apesar de verdadeiras, não nos dão informação suficiente para provar se uma conclusão é verdadeira ou não. Por exemplo, eu sei que a maioria dos guitarristas são destros e que Jim é um guitarrista, o que me dá alguma justificativa para crer que Jim muito provavelmente é destro. Apesar de ser possível provar que algumas coisas são verdadeiras, se as premissas forem verdadeiras e o argumento for válido, nem todos os argumentos são como branco no preto. Existem graus de razoabilidade para acreditarmos. Como resultado, muitos argumentos filosóficos são propostos simplesmente para provar uma justificativa razoável para uma ideia – uma teoria, em vez de uma prova.

> **MAIS VERDADES PODEM SER CONHECIDAS DO QUE PROVADAS.**
> RICHARD FEYNMAN

Aristóteles adorava argumentar – como resultado disso, criou o primeiro sistema lógico na filosofia ocidental.

O que é um ARGUM

OS ARGUMENTOS RACIONAIS PODEM ASSUMIR DIVERSAS FORMAS, MAS TODOS SE MOVEM EM PASSOS, A PARTIR DAS PREMISSAS PARA A CONCLUSÃO. OS FILÓSOFOS USARAM FORMAS DE ARGUMENTO CADA VEZ MAIS COMPLEXAS PARA APRESENTAR E JUSTIFICAR SUAS IDEIAS, E A LÓGICA POR TRÁS DESSES ARGUMENTOS TORNOU-SE MAIS SOFISTICADA, DESENVOLVENDO-SE NUM RAMO DA FILOSOFIA COM CONEXÕES COM A MATEMÁTICA.

Gottlob Frege foi pioneiro da lógica, mas sua obra recebeu pouco reconhecimento durante sua vida.

O sistema de Aristóteles

Os primeiros filósofos na Grécia Antiga propuseram ideias a respeito do mundo usando a razão, e a justificativa de suas crenças se dava através de argumentos num debate com outros pensadores. Na época de Sócrates, essa era uma maneira já bem estabelecida de apresentar teorias. Sócrates desenvolveu um método, conhecido como dialética, de buscar a verdade ao discutir ideias com aqueles que tivessem visões diferentes. A parte mais importante de sua técnica era mostrar as contradições inerentes nas crenças deles. Mas foi Aristóteles quem desenvolveu o sistema de apresentar um argumento de maneira lógica – o silogismo. Os argumentos lógicos, afirmava ele, consistem de duas premissas levando a uma conclusão. Cada passo do argumento é uma afirmação, uma proposição, de maneira particular, tais como "Todos os X são Y", "Alguns X são Y", "Nenhum X é Y" e "Alguns X não são Y". Aristóteles classificou, então, as várias combinações dessas afirmações, identificando quais delas ofereciam conclusões boas ou ruins.

> **VALE O ESFORÇO DE INVENTAR UM NOVO SÍMBOLO SE ELE NOS AJUDAR A REMOVER MUITAS DIFICULDADES LÓGICAS.**
> GOTTLOB FREGE

Dedução e indução

Um famoso exemplo de silogismo é "Todos os homens são mortais, Sócrates é um homem, logo Sócrates é mortal". Aqui, a conclusão "Sócrates é mortal" exige logicamente a premissa universal "Todos os homens são mortais", numa combinação com a premissa de que "Sócrates é um homem". Argumentos dedutivos como esse são válidos se a conclusão se basear nas premissas. Existe outra forma de argumento, chamada indução, na qual uma regra geral é, com frequência, inferida a partir de premissas específicas. Por exemplo, inferimos que todos os peixes têm guelras a partir de exemplos específicos dos peixes que observamos, mas tal conclusão pode ser falsa – pode haver (e de fato há) alguns peixes que têm pulmão em vez de guelras. Num argumento indutivo, a conclusão não necessariamente se baseia nas premissas. Não se supõe que os argumentos indutivos sejam válidos. As premissas devem sustentar, mas não garantir logicamente a verdade de suas conclusões.

A lógica matemática

O método de Aristóteles de analisar um argumento como um silogismo de três passos se manteve como a base da lógica até o final do século XIX, mas ele tinha suas limitações como meio de analisar argumentos. O matemático alemão Gottlob Frege revolucionou a maneira de avaliar argumentos filosóficos. Antes dele, pensava-se que a lógica era derivada da maneira como pensamos, mas Frege demonstrou que,

LÓGICA SIMBÓLICA

Quando Gottlob Frege mostrou a conexão entre a lógica e a matemática, ele também sugeriu um sistema de notação para expressar afirmações lógicas usando símbolos parecidos com aqueles usados na matemática. Dessa maneira, uma proposição pode ser apresentada numa forma lógica e analisada de acordo com as regras da lógica de modo que o argumento possa ser testado de maneira parecida com a prova matemática.

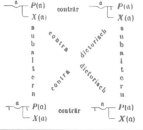

Lógica

ENTO LÓGICO?

como a matemática, ela é baseada num conjunto de regras objetivas. Ele introduziu um sistema de notação (ver o quadro "Lógica Simbólica", à esquerda) para apresentar argumentos numa forma lógica. Isso acabou com as ambiguidades dos argumentos filosóficos apresentados verbalmente, permitindo aos filósofos analisar proposições lógicas da mesma maneira que os matemáticos analisam afirmações matemáticas. Ele também oferecia um novo arcabouço para a lógica, tornando-a uma ferramenta muito mais poderosa, abrindo caminho para uma forma mais analítica da filosofia no século XX.

Veja também: 90-91, 98-99, 108-109

Contrária
As afirmações "todos os ursos gostam de mel" e "nenhum urso gosta de mel" são proposições contrárias. São opostas, já que não podem ser ambas verdadeiras ao mesmo tempo, mas é possível que ambas sejam falsas – que alguns ursos gostem de mel e outros não.

TODOS OS URSOS GOSTAM DE MEL

NENHUM URSO GOSTA DE MEL

Contraditória
As proposições nos cantos opostos do quadrado contradizem umas às outras – se uma for verdade, a outra tem que ser falsa. Se todos os ursos gostam de mel, não pode ser verdade que alguns não gostem, e vice-versa. Mas as proposições nesse e no outro lado não são, assim, contradições.

O quadrado das oposições
Usando o sistema de silogismos de Aristóteles, filósofos desenvolveram um diagrama representando as quatro formas básicas de proposições. Ele mostra como algumas proposições são opostas e, se uma delas for verdade, a outra não pode ser.

EXISTEM QUATRO FORMAS BÁSICAS DE PROPOSIÇÕES

Subcontrária
As proposições na base do quadrado são um tipo diferente de opostos. Elas não se contradizem entre si, e ambas podem ser verdadeiras ao mesmo tempo – alguns ursos gostam de mel, mas há outros que não.

ALGUNS URSOS GOSTAM DE MEL

ALGUNS URSOS NÃO GOSTAM DE MEL

Existem tipos diferentes de **VERDADE?**

OS ARGUMENTOS FILOSÓFICOS ESTÃO EM GRANDE PARTE OCUPADOS EM ESTABELECER A VERDADE DE UMA IDEIA OU PROPOSIÇÃO. MAS EXISTEM MANEIRAS DIFERENTES DE ESTABELECER SE UMA AFIRMAÇÃO É VERDADEIRA OU FALSA. ÀS VEZES, PODEMOS USAR A RAZÃO E A LÓGICA SOZINHAS PARA MOSTRAR QUE ALGO É VERDADEIRO, ENQUANTO EM OUTRAS PRECISAMOS OBSERVAR O MUNDO À NOSSA VOLTA.

> **HÁ DOIS TIPOS DE VERDADE: AS VERDADES DE RACIOCÍNIO E AS VERDADES DE FATO.**
> **GOTTFRIED LEIBNIZ**

Dois tipos de verdade

O filósofo e matemático Gottfried Leibniz acreditava que existe mais de um tipo de verdade. Ele identificou dois tipos diferentes de afirmações, os quais supôs serem verdadeiras de maneiras diferentes. O primeiro, ele chamou de "verdade do raciocínio" e explicou que pode ser verificado simplesmente com a razão. Por exemplo, a afirmação "todos os galos são machos" é um desses tipos de verdade, porque a definição de "galo" é "uma ave macho". Na verdade, esse exemplo é aquilo que os filósofos chamam de verdade "analítica" – ela é verdadeira por causa do seu significado. Mas e quanto à afirmação de que "Sócrates está na sala ao lado"? Só podemos saber se essa afirmação é verdadeira se olharmos na sala ao lado e vermos que Sócrates está lá. Isso é o que Leibniz chamava de "verdade de fato", em vez de verdade de raciocínio. Afirmações como essa, que não podem ser verdadeiras só por seu significado, são conhecidas como "sintéticas", em oposição às verdades "analíticas".

Negando verdades sem contradição

De acordo com Leibniz, as verdades de raciocínio não podem ser negadas sem contradição. Não podemos negar uma verdade de raciocínio como "Todos os quadrados têm quatro lados" e dizer que "Existe um quadrado sem quatro lados" sem nos contradizer: seria o mesmo que dizer que existe algo com quatro lados que não tenha quatro lados. Que todos os quadrados tenham quatro lados também é o que se conhece como "verdade necessária" – ela é verdade em todas as circunstâncias e em todos os mundos possíveis. Por outro lado, uma verdade de fato tal como "Abraham Lincoln era americano" poderia ser contestada. Lincoln nasceu nos Estados Unidos, mas as circunstâncias poderiam ter sido diferentes – ele poderia ter nascido em outro lugar. Pelo fato de depender do caso de algo ser ou não real, tal verdade é conhecida como uma "verdade contingente".

A encruzilhada de Hume

A distinção entre verdades de raciocínio e verdades de fato é especialmente

AS VERDADES SÃO...

Veja também: 102–103

Lógica

VERDADES DE RACIOCÍNIO
A estrada do raciocínio sozinha não lhe dará nenhum conhecimento do mundo – são verdades triviais, como a que diz que um quadrado tem quatro lados.

... OU RELAÇÕES DE IDEIAS

importante na filosofia de David Hume. Ele considerava as afirmações pertinentes ou às "relações de ideias", ou às "questões de fato", e as comparou a duas direções depois de uma encruzilhada numa estrada. Hume argumentou que afirmações verdadeiras a respeito de relações de ideias poderiam ser conhecidas só pela razão e seriam verdades necessárias, mas disse que elas são triviais (como se disséssemos, por exemplo, que os quadrados têm quatro lados) por não nos darem nenhum conhecimento do mundo. Afirmações verdadeiras acerca das questões de fato, por outro lado, conseguem, sem dúvida, nos dar informações a respeito do mundo – mas, nesse caso, temos que observar o mundo para descobrir se são verdadeiras. Hume achava que não podemos cruzar de um lado da encruzilhada para o outro – não podemos adquirir conhecimento de questões de fato reais baseando-nos apenas na razão.

A companhia alemã Bahlsen produz os biscoitos "Leibniz" em homenagem ao filósofo Gottfried Leibniz.

... OU QUESTÕES DE FATO.

VERDADES DE FATO
Como alternativa, pegue a estrada empírica. De acordo com David Hume, só essa rota pode levar ao real conhecimento do mundo.

MATEMÁTICA E CIÊNCIA
A diferença entre as verdades necessárias e as contingentes reflete o contraste fundamental entre a matemática e as ciências naturais. As verdades matemáticas parecem ser identificáveis só pela razão – são verdades necessárias. Descobertas científicas, como a que diz que a água entra em ebulição a 100 °C (a uma pressão de 1 atm), são verdades contingentes – elas se baseiam na observação e, diferentemente das verdades matemáticas, podem ser questionadas.

O que é raciocínio?

ARISTÓTELES
384-322 a.C.

Esperava-se inicialmente que Aristóteles seguisse os passos de seu pai, Nicômaco, que era médico de Amintas III, rei da Macedônia. Em vez disso ele estudou filosofia em Atenas, viajou para a Turquia e Lesbos para estudar a vida marinha e, em 343 a.C., tornou-se tutor de Alexandre o Grande e foi seu professor por oito anos. Voltando a Atenas, Aristóteles mostrou-se prolífico, tendo escrito em torno de 200 obras, das quais 30 sobreviveram.

A ciência de Aristóteles tinha grandes falhas, tais como a que dizia que as fêmeas de todas as espécies tinham menos dentes que os machos e que o pensamento humano vinha não do cérebro, mas de uma área perto do coração.

PUPILO DE PLATÃO

Aristóteles tinha 17 anos quando foi estudar na Academia de Platão em Atenas. Ele passou 20 anos com Platão, a quem chamava de "a mente da escola". Aristóteles desenvolveu suas próprias teorias, distintas das de seu tutor, rejeitou a teoria das formas e insistiu que as qualidades universais são encontradas nas próprias coisas. Aristóteles deixou Atenas pouco depois da morte de Platão, em 347 a.C.

UMA ESCOLA PRÓPRIA

Aristóteles voltou para Atenas em 335 a.C. e fundou sua própria escola nos arredores da cidade, o Liceu. Ele deu à sua biblioteca vários pergaminhos (provavelmente pagos por Alexandre o Grande) e criou um dos primeiros zoológicos com animais exóticos. Os alunos da escola elegiam um novo líder ou representante a cada dez dias.

Lógica

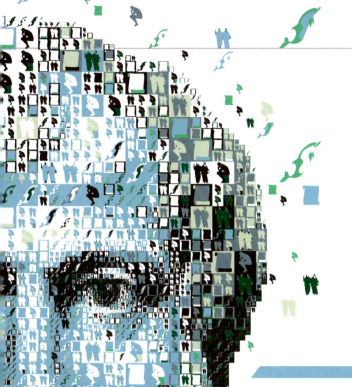

SÓCRATES É MORTAL

Aristóteles acreditava que o uso da razão era a mais elevada forma de esforço e que a lógica era a ferramenta através da qual as pessoas chegavam a conhecer as coisas. Seu sistema pioneiro de lógica previa silogismos – uma conclusão tirada de duas premissas. Por exemplo, se as premissas "Todos os homens são mortais" e "Sócrates é um homem" forem aceitas, então seria possível deduzir que, "Logo, Sócrates é mortal".

"A **sabedoria** deve ser a razão **intuitiva** combinada ao **conhecimento** científico."

LÓGICA ANIMAL

A obra científica de Aristóteles ia da astronomia à zoologia. Ele foi a primeira pessoa a diferenciar baleias e golfinhos dos peixes, e dissecou centenas de criaturas num esforço para entender como elas funcionavam. Usando a lógica, classificou organismos numa *Scala naturae* ou "Cadeia de Seres" – um enorme sistema de classificação de seres que continuou influente por 2 mil anos.

O que faz um BOM ARGUMENTO?

PARA SER PERSUASIVO (LÓGICO E CONVINCENTE), UM ARGUMENTO TEM QUE SER BASEADO EM PREMISSAS QUE SÃO VERDADEIRAS, OU PELO MENOS RAZOÁVEIS, E OFERECER SUSTENTAÇÃO PARA A CONCLUSÃO. UM ARGUMENTO PODE SER APRESENTADO DE DIVERSAS MANEIRAS, E A FORMA LÓGICA QUE ASSUME DETERMINA SE ELE É CERTO PARA SE INFERIR A CONCLUSÃO COM BASE NAS PREMISSAS.

NÃO SE DERRUBA UM ARGUMENTO LÓGICO

> O artista M. C. Escher usou perspectiva para criar paradoxos visuais em sua arte, tais como escadas que parecem não ter fim.

Analisando um argumento

Por séculos, o principal método para analisar um argumento era baseado no modelo aristotélico do silogismo. De acordo com ele, um argumento consiste de duas premissas e uma conclusão, e para se constituir um bom argumento ele precisa satisfazer certos critérios. Cada afirmação dentro do argumento é feita de dois termos que podem ser universais (como "todo X é Y", ou "nenhum X é Y") ou particulares (como "alguns X são Y" ou "alguns X não são Y"). Várias combinações desses tipos de afirmação dão, no total, 256 formas diferentes de silogismo, que têm sido classificadas de acordo ou não com o fato de a conclusão poder ser inferida com base nas premissas. Somente algumas formas são argumentos dedutivos válidos, em que uma conclusão particular é baseada numa premissa universal, e, se as premissas são verdadeiras, a conclusão também tem que ser verdadeira. Outras formas incluem exemplos de erros de raciocínio, conhecidos como falácias, ou exemplos de argumentos como a indução, no qual a premissa sustenta, porém não garante, logicamente a verdade da conclusão.

> **NÃO EXISTEM VERDADES INTEIRAS; TODAS AS VERDADES SÃO MEIAS VERDADES. O PROBLEMA É TENTAR TRATÁ-LAS COMO VERDADES INTEIRAS.**
> **ALFRED NORTH WHITEHEAD**

Lógica

O problema das meias verdades

A lógica baseada na análise dos argumentos de Aristóteles tem suas limitações. Se por um lado ela mostrava facilmente se um argumento dedutivo era válido ou não, por outro ela não era um sistema adequado para avaliar a força de uma conclusão que poderia ser provada ou reprovada. A lógica matemática apresentada por Gottlob Frege no século XIX ajudou a oferecer um modelo mais sofisticado para determinar a força dos argumentos lógicos. Entretanto continuava o problema de os argumentos dependerem da ideia de uma coisa ser verdadeira ou falsa, quando na verdade existem as "meias verdades". Recentemente foi sugerido um sistema de "lógica difusa" que daria um contínuo entre o verdadeiro (que recebeu o valor 1) e o falso (valor 0), de modo que algo que fosse uma "meia verdade" poderia ser expresso como uma verdade de grau 0,5, uma forte probabilidade de 0,9 e uma probabilidade remota de 0,1.

NÃO PODE SER VERDADE!

Epimênides de Creta levou o crédito de produzir o famoso paradoxo "todos os cretenses são mentirosos". Ao dizer isso, admite que nem ele mesmo diz a verdade. A própria afirmação é bem simples, mas, por ser autocontraditória, ela nos leva de volta ao começo: se for verdadeira, então ele está mentindo, mas, se ele estiver mentindo, ela não pode ser verdadeira.

Paradoxos enigmáticos

Até mesmo um argumento aparentemente sólido, baseado em duas premissas aparentemente verdadeiras, pode levar a uma conclusão obviamente errada ou contraditória – um paradoxo. É quase sempre difícil ver se isso é apenas um raciocínio falho ou um caso de premissas falsas, ambíguas ou até mesmo contraditórias. Um dos mais famosos paradoxos foi elaborado por Zenão de Eleia, que apresentou um argumento convincente de que Aquiles jamais poderia alcançar uma tartaruga se ela tivesse uma vantagem no começo da corrida (ver a ilustração ao lado). Usando as ferramentas da lógica tradicional, os filósofos acharam difícil encontrar a falha de seu raciocínio. E esse é o problema com os paradoxos – eles parecem ser logicamente sólidos, mas levam a uma conclusão absurda. Até mesmo sofisticadas técnicas matemáticas modernas não chegaram a uma solução simples ao enigma de Zenão.

◉ Aquiles e a tartaruga

No paradoxo de Zenão de Eleia, Aquiles nunca terá sucesso em ultrapassar a tartaruga porque, na hora em que ele chegar à posição atual da tartaruga, ela já terá se movido adiante.

Veja também: 90–91, 92–93, 102–103

O que a **LÓGICA** tem a ver com a ciência?

AS CIÊNCIAS NATURAIS ESTÃO BASEADAS NA OBSERVAÇÃO E NO EXPERIMENTO, DIFERENTEMENTE DA MATEMÁTICA, QUE É BASEADA NO RACIOCÍNIO LÓGICO. AO TENTAREM ENTENDER AS COISAS QUE OBSERVAM, OS CIENTISTAS DESENVOLVERAM MÉTODOS PARA EXAMINÁ-LAS E, ASSIM, APRESENTAR EVIDÊNCIAS PARA JUSTIFICAR SUAS TEORIAS DE MANEIRA LÓGICA.

Procurando regras

Quase sempre considerado o criador da abordagem científica, Aristóteles era sistemático em cada aspecto de seu trabalho. Além de ser o primeiro a analisar e classificar argumentos lógicos e metodicamente organizar aspectos de sua filosofia, ele era um naturalista entusiasmado e organizou suas observações do mundo natural da mesma forma metódica. Queria classificar todos os seres vivos e se voltou a essa tarefa de forma lógica, agrupando plantas e animais de acordo com suas características. Observou, por exemplo, que todos os peixes que viu tinham escamas e concluiu que tal característica os distinguia de outros animais marinhos. Assim, criou um conjunto de regras gerais a partir de suas observações.

> SE UM HOMEM SE SATISFIZER EM COMEÇAR COM DÚVIDAS, ELE DEVERÁ TERMINAR EM CERTEZAS.
> — FRANCIS BACON

Um método científico

O método de Aristóteles era simples, mas ainda assim estabeleceu o princípio de observar e depois analisar os dados resultantes dessas observações. Isso poderia, então, ser usado como evidência para sustentar uma ideia ou hipótese. O princípio foi mais tarde adotado por cientistas e filósofos islâmicos, que observavam as coisas conforme aconteciam no mundo natural, bem como nos experimentos. Isso, por sua vez, levou a uma abordagem mais sistemática – um verdadeiro método científico –, proposto pelo filósofo inglês Francis Bacon. O método de Bacon segue uma sequência lógica de passos: observação, elaboração de uma

OS CIENTISTAS ATACAM PROBLEMAS DE MANEIRA LÓGICA

FAZENDO UMA OBSERVAÇÃO
AQUI, UM CIENTISTA PODERIA OBSERVAR QUE UM OBJETO, POR EXEMPLO, UM VASO, ESTÁ QUEBRADO E QUE ELE TINHA TRÊS CORES DIFERENTES.

FORMANDO UMA HIPÓTESE
O CIENTISTA TENTARIA, ENTÃO, EXPLICAR COMO O OBJETO SE PARECIA. SERÁ QUE OS PEDAÇOS SE ENCAIXARIAM EM TRÊS GRUPOS DE CORES?

Lógica

> Francis Bacon morreu de pneumonia contraída enquanto colocava neve numa galinha, num experimento sobre refrigeração.

hipótese para explicar determinado fenômeno e o teste da hipótese com experimentos desenvolvidos para produzir os resultados esperados. Diferentemente de outras formas de indagação, tal método científico não infere simplesmente uma regra geral a partir de exemplos observados de um fenômeno. Em vez disso, usa essas observações para predizer que a mesma coisa acontecerá em situações similares – a hipótese. Depois ele vê se esse é mesmo o caso ao reproduzir as circunstâncias em experimentos. É o resultado desses experimentos que sustenta ou rejeita uma teoria.

COMPUTADORES ESPERTOS

Os primeiros computadores, programados com regras matemáticas simples, faziam tarefas aritméticas básicas. Para levá-los a fazer coisas mais complexas, foi necessário converter essas tarefas numa progressão lógica de passos, cada um numa forma lógica que o computador conseguiria "entender". Novas formas de lógica matemática foram cruciais na transformação dos computadores de simples aparelhos de cálculo em máquinas capazes de mostrar inteligência artificial.

Testando resultados

Assim como o método de Aristóteles de observar exemplos específicos e inferir uma regra geral, o método científico é uma forma de raciocínio indutivo. Sendo assim, ele não consegue provar se uma teoria é verdadeira. Mas, quanto mais casos puderem ser observados, mais forte é a evidência para uma teoria, e o processo de experimentação crítica oferece evidências até mesmo mais fortes. Os resultados de um experimento podem ser testados ao fazer outro experimento para ver se aqueles resultados podem ser replicados. E, para garantir que os resultados são tão confiáveis e objetivos quanto possíveis, desenvolveram-se técnicas sofisticadas de experimentação, medição e análise de dados. Por exemplo, na medicina, um tratamento pode ser testado ao oferecê-lo a um número de pacientes e, ao mesmo tempo, a um grupo de controle que recebe um placebo (uma substância sem efeito terapêutico) ou nenhum tratamento. Os resultados de cada grupo são, então, comparados, e a eficácia do tratamento pode ser medida estatisticamente. Dessa forma, tanto a lógica como a matemática desempenham papel importante no método científico.

Veja também: 92-93, 102-103

FAZENDO UM EXPERIMENTO
O PRÓXIMO ESTÁGIO É TESTAR A HIPÓTESE AO FAZER UM EXPERIMENTO – VENDO SE OS PEDAÇOS SE ENCAIXAM COMO SUPOSTO ANTES.

VENDO OS RESULTADOS
POR FIM, O CIENTISTA VERÁ SE OS RESULTADOS SUSTENTAM OU NÃO A HIPÓTESE. O VASO COLADO MOSTRA QUE ELES A SUSTENTAM.

O que é raciocínio?

TODOS OS CISNES SÃO BRANCOS...

Podemos **CONFIAR** no

VIVEMOS NUM MUNDO DOMINADO PELOS PRODUTOS DA CIÊNCIA, DESDE COMPUTADORES ATÉ PLANTAÇÕES MODIFICADAS GENETICAMENTE. A CIÊNCIA TÁMBÉM PERCORREU UM LONGO CAMINHO PARA EXPLICAR COMO O UNIVERSO FUNCIONA. TENDEMOS A ACEITAR ESSAS EXPLICAÇÕES COMO VERDADEIRAS, MAS ALGUNS FILÓSOFOS DEFENDERAM QUE NÃO TEMOS BASE LÓGICA PARA ACREDITAR NELAS.

NOSSA EXPERIÊNCIA PASSADA NÃO PODE SER PROVA DE NADA NO FUTURO.

DAViD HUME

O problema da indução

As teorias científicas só podem ser baseadas na evidência disponível, de modo que a observação de exemplos específicos é usada para sustentar conclusões gerais sobre o que pode acontecer no futuro ou em qualquer lugar do universo. Isso é o raciocínio indutivo, no qual os cientistas confiam ao tentar nos dizer algo a respeito do mundo. Por exemplo, posso concluir que quando solto uma bola ela cairá no chão, porque toda vez que soltei uma bola ela caiu, ou inferir que, já que eu vi o sol nascer todas as manhãs, ele também fará o mesmo amanhã e todos os outros dias seguintes. Mas com que base posso acreditar nisso? David Hume defendia que nossa dependência do raciocínio indutivo é totalmente injustificada. Não temos nenhuma razão adicional para supor que o sol nascerá amanhã do que

> Todas as principais conquistas da ciência, desde as máquinas até as viagens espaciais, basearam-se na indução.

supor que ele não nascerá. O problema da indução, explicou, é que ela se baseia na premissa de que tudo no universo segue um padrão imutável e que o futuro será parecido com o passado. Mas essa premissa por si só é baseada no raciocínio indutivo – supomos que a natureza é uniforme porque nossa experiência limitada assim nos diz.

Dessa forma, só porque em nossa experiência um evento seguiu invariavelmente o outro não quer dizer que o primeiro evento causou o segundo. Se dois relógios forem acertados com segundos de diferença, um tocará depois do outro, mas não por causa do outro. A ciência, afirmava Hume, é uma questão de costume e hábito, não de raciocínio – não conseguimos deixar de acreditar nessas coisas. Pode parecer ridículo sugerir que o sol tem a mesma probabilidade de nascer amanhã do que de não nascer, mas os filósofos têm se esforçado para encontrar uma falha no argumento de Hume.

...que a **CIÊNCIA** nos diz?

... OU SERÁ QUE NÃO?

⬆ **Lógica dúbia**
A conclusão de que "todos os cisnes são brancos" não tem garantia lógica de ser verdadeira, independentemente de quantos cisnes brancos possam ser vistos, mas uma simples observação de um cisne negro diz que ela é falsa.

Nem todos os gatos têm rabo

O problema da indução levantou dúvidas sobre quanto podemos confiar nas teorias científicas e permaneceu insolúvel até que Karl Popper sugeriu uma abordagem diferente em meados do século XX. Popper concordava que diversos exemplos observados não podem confirmar um princípio geral, mas indicou que um simples exemplo negativo pode tornar falsa a teoria. Não importa quantas vezes eu tenha visto gatos com rabo, não posso ter certeza da teoria de que "todos os gatos têm rabo" – pois uma única olhada num gato sem rabo mostra que ela é falsa. De acordo com Popper, as teorias são científicas só se forem falsificáveis (capazes de serem consideradas falsas por observação ou experimento).

A indução funciona!

Podemos demonstrar que é razoável confiar no raciocínio indutivo ao dizer que ele funciona? Afinal, os cientistas conseguiram pousar na Lua confiando em argumentos indutivos. Será que tais triunfos científicos não mostram que estamos justificados em confiar nesses argumentos? Infelizmente esse argumento é, ele próprio, indutivo. Ele afirma que se a indução funcionou até agora deve funcionar amanhã.

> **HUME ESTAVA PERFEITAMENTE CERTO EM FAZER NOTAR QUE A INDUÇÃO NÃO PODE SER LOGICAMENTE JUSTIFICADA.**
> **KARL POPPER**

A FALÁCIA DO JOGADOR

Se você jogar uma moeda, existe uma chance de 50% de ela dar cara. Isso quer dizer que, se jogada 100 vezes, há chance de que dê cara 50 vezes. Mas é fácil cair na armadilha de acreditar que, se a moeda deu 99 coroas em sequência, é mais provável que dê cara na próxima vez. Isso é uma falácia, já que a probabilidade de dar cara continua de 50% a cada lançamento.

Veja também: 26-27, 92-93, 100-101

Use o SENSO COMUM!

A LÓGICA, COM FREQUÊNCIA, PARECE SER MUITO ABSTRATA E TER POUCA RELAÇÃO COM O MUNDO EM QUE VIVEMOS. NÃO PODEMOS USÁ-LA PARA DETERMINAR SE AS TEORIAS CIENTÍFICAS SÃO VERDADEIRAS, E ATÉ MESMO ARGUMENTOS LÓGICOS SÓLIDOS PODEM LEVAR A PARADOXOS QUE DESAFIAM O SENSO COMUM. ASSIM, TALVEZ HAJA UM LUGAR PARA O SENSO COMUM, BEM COMO A LÓGICA, NA JUSTIFICATIVA DE NOSSAS CRENÇAS.

Senso comum e intuição

Até certo ponto, a lógica pode ser considerada "senso comum" numa forma altamente organizada. Muitas das inferências que fazemos sem analisá-las conscientemente são as mesmas que as de um argumento lógico, e com frequência reconhecemos quando uma conclusão segue ou não uma afirmação sem se referir às regras da lógica. Às vezes, no entanto, nosso senso comum pode nos decepcionar. Para muitos dos antigos astrônomos, por exemplo, parecia senso comum que a Terra era chata e o Sol se movia pelo céu. Às vezes, o que parece ser senso comum não passa de algo instintivo, ou intuição, que é uma justificativa fraca para uma crença. Se por um lado um bom argumento precisa ser baseado na lógica, o senso comum e a intuição também têm um papel a cumprir. No caso dos paradoxos (quando afirmações ou suposições aparentemente sólidas levam a uma conclusão absurda), por exemplo, nós intuitivamente sentimos que algo está errado. O senso comum também nos diz que o raciocínio está falho, então podemos usar a lógica para examinar o argumento mais cuidadosamente.

> A primeira pessoa, que se sabe, que tenha usado o termo "senso comum" foi Aristóteles, no contexto da mente dos animais.

O simples é melhor

Guilherme de Ockham, monge e filósofo medieval, defendia um tipo específico de senso comum ao decidir entre explicações e argumentos conflitantes. Com frequência, acreditava ele, os filósofos produzem explicações elaboradas, baseadas em múltiplas suposições, para justificar suas teorias. Ele disse que, quando nos defrontamos com mais de uma explicação para algo, tudo o mais sendo igual, a explicação mais simples tem maior chance de estar certa. O princípio é conhecido como navalha de Ockham, já que ela "corta" todas as suposições desnecessárias. David Hume adotou uma abordagem similar em sua crítica

ESCRAVA DAS PAIXÕES

Se por um lado David Hume defendia que baseávamos nosso raciocínio na experiência, ele também percebeu que nosso julgamento e nossas decisões tendem a se basear mais em nossos sentimentos que no pensamento racional. Estamos mais propensos a usar nosso intelecto para justificar o que nossas emoções e nossos instintos nos dizem ou, conforme suas palavras, "a razão é a escrava das paixões".

A navalha de Ockham ➡

Guilherme de Ockham achava que os filósofos tendiam a complicar demais as coisas. Ele defendia que, quando são oferecidas várias explicações de peso igual, a explicação mais simples provavelmente é a mais válida.

a René Descartes e aos filósofos racionalistas, perguntando por que é necessário propor a existência de um mundo imaterial para justificar suas teorias.

Deixe o costume ser o guia

Em vez disso, Hume e outros filósofos empíricos visavam colocar sua filosofia no mesmo patamar que as ciências ao justificar suas ideias com evidências vindas do mundo ao seu redor. Mostrando que não há justificativa lógica para o raciocínio indutivo da ciência (ver p. 102-103), Hume explicou que usamos naturalmente o costume – ou, como ele dizia, "o hábito mental" – como guia. As crenças científicas não podem ser justificadas, pensava, mas não conseguimos deixar de tirar conclusões sobre o futuro baseadas na experiência passada. Aqui, mais uma vez, o senso comum cumpre um papel. Se alguma coisa que acontece parece desafiar as regras gerais, as "leis" da natureza ou da física que inferimos a partir de nossa experiência, e diz-se que houve um milagre, nosso senso comum – que também é derivado da experiência – nos diz que provavelmente isso não é verdade. A chance de um evento que contradiz toda a nossa experiência ser milagroso é menor que a de nossos sentidos terem sido enganados ou de que o registro do evento seja falso.

"CORTE" TODAS AS SUPOSIÇÕES DESNECESSÁRIAS.

É INÚTIL FAZER COM MAIS O QUE PODE SER FEITO COM MENOS.

GUILHERME DE OCKHAM

O que é raciocínio?

LUDWIG WITTGENSTEIN
1889–1951

Um dos mais proeminentes pensadores do século XX, Ludwig Wittgenstein estudou em casa, em Viena, até os 14 anos, quando passou a estudar matemática e engenharia. Ficou obcecado com a lógica e a filosofia, mudando-se para Cambridge para estudar lógica com Bertrand Russell em 1911. O manuscrito de sua primeira grande obra, *Tractatus Logico-Philosophicus,* foi guardado numa mochila durante a I Guerra Mundial. Russell o recebeu enquanto Wittgenstein era mantido prisioneiro.

A FAMÍLIA WITTGENSTEIN

Ricos com a siderurgia, os Wittgenstein tinham boas conexões, e os compositores Gustav Mahler e Johannes Brahms frequentavam regularmente a casa da família em Viena. Ludwig era o caçula de oito filhos. Três de seus irmãos cometeram suicídio. Um dos irmãos que permaneceu, Paul, era um renomado pianista, que, depois de perder o braço direito na I Guerra Mundial, passou a encomendar composições para piano para quem só pudesse tocar com a mão esquerda.

SERVIÇO MILITAR

Voluntário no Exército austríaco no começo da I Guerra Mundial, Wittgenstein serviu em embarcações e em treinamento de artilharia antes de ser enviado ao *front* russo em 1916. Ganhou várias medalhas por bravura em combate, mas foi capturado na Itália e mantido preso até agosto de 1919, nove meses depois de a guerra ter terminado.

Durante a II Guerra Mundial, Wittgenstein deixou Cambridge e trabalhou como carregador no Hospital Guy, em Londres, e depois como assistente de laboratório em Newcastle, recebendo £ 4 por semana.

Lógica

LINGUAGEM E LÓGICA

No *Tractatus* (1921), Wittgenstein classificou a relação entre a linguagem do mundo e como os problemas filosóficos surgem como mal-entendidos da lógica da linguagem. Tempos depois, argumentou que os problemas filosóficos eram gerados por confusão linguística, mas supôs que tais problemas poderiam ser dissolvidos ao se prestar muita atenção na forma como a linguagem é usada.

> "A **complexidade** da **filosofia** não é uma complexidade de seu **tema**, mas da nossa compreensão **atada**."

O PROFESSOR RELUTANTE

Depois de trabalhar como professor e jardineiro, Wittgenstein retornou a Cambridge para ser palestrante em 1929, tornando-se professor em 1939. Suas palestras eram densas, ele não fazia anotações em quadros e reclinava-se em uma espreguiçadeira. Quase sempre saía rapidamente, correndo para o cinema para assistir aos seus queridos faroestes. Também encorajava os alunos a encontrar uma "linha de trabalho mais útil" que a filosofia.

O que a **LÓGICA** pode

UM DOS PROBLEMAS QUE ENFRENTAMOS AO TENTAR AVALIAR ARGUMENTOS É QUE ELES SÃO NORMALMENTE APRESENTADOS NUMA FORMA MUITO BRUTA. QUASE SEMPRE NÃO ESTÁ CLARO QUAL É O ARGUMENTO EXATAMENTE. ÀS VEZES, ANTES DE AVALIARMOS SE A LÓGICA DE UM ARGUMENTO É SÓLIDA OU NÃO E SE SUAS PREMISSAS SÃO VERDADEIRAS, TEMOS QUE ANALISÁ-LO CUIDADOSAMENTE.

Veja também: 90-91, 92-93

> **QUANTO PRAZER SE OBTÉM DE CONHECIMENTO INÚTIL.**
> BERTRAND RUSSELL

A linguagem comum

Filósofos (e políticos, advogados e cientistas) usam argumentos para tentar justificar suas explicações. Podemos usar a lógica para avaliar a força de seus argumentos. Mas nem sempre falamos e escrevemos de uma maneira que deixa nossos argumentos claros. Com frequência, é útil na filosofia "traduzir" o que alguém está dizendo numa forma lógica mais clara. Identificar as várias suposições de um argumento e como elas se relacionam com a sua conclusão torna mais fácil a avaliação de quão bom um argumento realmente é. Às vezes, mesmo afirmações que parecem simples precisam de análise detalhada para determinar exatamente o que elas significam. Bertrand Russell acreditava que era importante para os filósofos revelar cuidadosamente a "forma lógica" por trás do que é dito numa linguagem comum. Para estabelecer a verdade de uma afirmação, devemos primeiro conhecer o seu significado.

Uma análise lógica

Russell talvez seja mais conhecido por sua "teoria das descrições". Uma descrição é uma frase restritiva – tal como "a rainha da Inglaterra" ou "o planeta Terra" – que se refere a uma pessoa ou coisa específica (assim como os nomes). Usamos uma descrição para dizer algo verdadeiro ou falso sobre uma pessoa ou coisa: por exemplo, "A rainha da Inglaterra mora num palácio". O problema é que algumas frases parecem se referir a pessoas ou coisas específicas mas, de fato, não se referem a nada. Por exemplo, a sentença "O rei da França é careca" parece estar alegando algo sobre alguém, "o rei da França", que é careca. Mas a França não tem rei, logo essa frase não se refere a ninguém – ela falha como uma descrição (a definição de uma descrição como uma frase que se refere a algo ou alguém). Russell disse que a chave para fazer com que tais frases tivessem sentido era entender que, em vez de fazer uma simples

> Um importante ativista anti-guerra, Bertrand Russell foi preso duas vezes pelo governo britânico.

SOMAS LÓGICAS

Entre 1910 e 1913, Bertrand Russell (à direita) e seu ex-professor Alfred North Whitehead publicaram um livro com três volumes sobre lógica, o *Principia Mathematica*. Nele, dispuseram-se a mostrar que a aritmética é derivada dos princípios básicos da lógica e que a matemática é, de fato, simplesmente um ramo da lógica.

nos dizer?

alegação, a sentença contém três alegações distintas. Para encontrar a forma lógica da sentença (e então avaliar se ela é verdadeira ou falsa), devemos primeiro desmontá-la: (1) existe pelo menos um rei da França, (2) existe no máximo um rei da França e, (3) se houver tal rei, ele é careca. A sentença faz sentido, mas é falsa se não houver um rei da França. A análise de Russell resolve o problema de como frases não referentes podem ser usadas, com sentido, para fazer alegações verdadeiras ou falsas. Mas os filósofos discordam se ele estava certo ou não.

Não vendo ninguém

Outras expressões como "ninguém" e "tudo" também são falhas como referência. Os filósofos as chamam de quantificadores. Considere esta citação de *Através do espelho*, de Lewis Carroll (que também era um lógico e cuja obra fascinava Russell): "'Não vejo ninguém na estrada' ('*I see nobody*', em inglês), disse Alice. 'Quisera eu ter tais olhos', observou o Rei num tom irritado. 'Ser capaz de não ver ninguém!'". Aqui, o Rei trata "ninguém" como se ele se referisse a alguém, mas não é assim que a palavra é usada. "Frank correu" e "Ninguém correu" são sentenças que se parecem, mas "ninguém" não é um nome como "Frank". Na verdade, o que Alice está dizendo é que o número de pessoas que ela pode ver na estrada é zero.

❯ A lógica na linguagem

Antes de podermos descobrir se a afirmação "A montanha de ouro puro está no Tibete" é verdadeira ou não, ela precisa primeiro ser quebrada numa forma lógica, para garantir que entendemos seu sentido.

O que é raciocínio?

OS FILÓSOFOS APRESENTARAM DIVERSAS TEORIAS A RESPEITO DO UNIVERSO E DE NOSSO LUGAR NELE, USANDO ARGUMENTOS LÓGICOS PARA SUSTENTÁ-LAS. MAS, APESAR DE TERMOS UMA LINGUAGEM PARA DESCREVER COISAS FÍSICAS, ELA PODE SER INADEQUADA PARA DISCUTIR OUTRAS COISAS, COMO CRENÇAS RELIGIOSAS OU ALEGAÇÕES SOBRE A MORAL E A ÉTICA.

Retratando o mundo

Assim como vários filósofos já haviam feito, Ludwig Wittgenstein se prontificou a ver se havia limites ao nosso entendimento do mundo. Sua abordagem era examinar a forma pela qual usamos a linguagem para articular nossos pensamentos a respeito do mundo. Ao tentar entender e explicar o mundo, disse, nós o descrevemos usando a linguagem, que nos permite "retratar" o mundo. O mundo tem uma estrutura, e a linguagem que usamos para representá-lo tem a mesma estrutura. Podemos usar nomes, tais como "cão", para rotular elementos da realidade. Isso nos dá os tijolos da linguagem. Podemos, então, combinar esses nomes de formas diferentes para produzir diversas proposições sobre o mundo, ou "retratos" dele – por exemplo, "o cão está latindo". As proposições serão verdadeiras ou falsas, dependendo ou não de o mundo ser como o "retratamos" (nossa proposição será verdadeira se o cão estiver latindo e falsa se ele não estiver).

⬆ **Os tijolos da linguagem**
De acordo com a filosofia inicial de Wittgenstein, "retratamos" o mundo usando a linguagem. Fazemos proposições que dizem coisas verdadeiras ou falsas sobre o mundo, logo a estrutura da linguagem reflete a estrutura do mundo.

Deve haver uma expli

> OS LIMITES DA MINHA LINGUAGEM SÃO OS LIMITES DO MEU MUNDO.
> **Ludwig Wittgenstein**

Os limites da linguagem

Para que a linguagem tenha algum sentido, as proposições devem ser constituídas de nomes que rotulam os elementos do mundo que experimentamos. Wittgenstein argumentava que a linguagem significativa está restrita a tais proposições. Ele acreditava que alegações sobre ética, moral, metafísica e religião não são proposições significativas. Elas não "retratam" nada, logo não têm sucesso em dizer o que quer que seja. Mas ele achava que elas ainda eram capazes de nos mostrar algo, incluindo coisas "místicas" que não podem ser traduzidas em palavras.

Ludwig Wittgenstein guardava sua obra em segredo, trancada num cofre.

Linguagem pública e privada

Wittgenstein mais tarde mudou sua opinião a respeito da linguagem. Ele percebeu que a linguagem é, de fato, usada de diversas maneiras, não apenas para fazer alegações do mundo. Isso o levou a desenvolver uma filosofia um tanto

Lógica

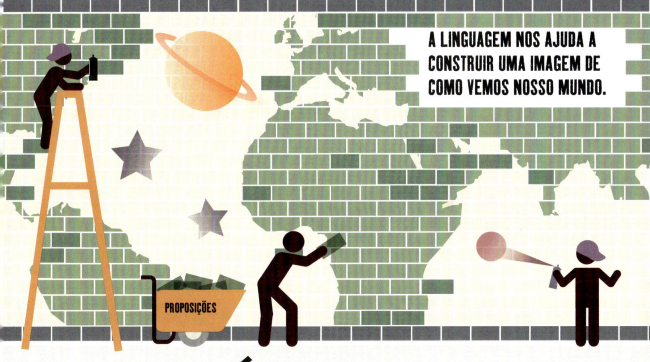

A LINGUAGEM NOS AJUDA A CONSTRUIR UMA IMAGEM DE COMO VEMOS NOSSO MUNDO.

PROPOSIÇÕES

cação LÓGICA

diferente ao enfatizar que a linguagem é como uma caixa de ferramentas: ela contém um amplo leque de expressões que são usadas numa infinidade de formas distintas. Talvez o argumento mais conhecido da filosofia tardia de Wittgenstein seja o seu "argumento da linguagem privada". Ele dizia que não podemos, de forma significativa, atribuir rótulos a experiências que são privadas, ou subjetivas (como sentir dor), porque não teríamos como verificar se estamos aplicando o rótulo de forma correta. Portanto, tal linguagem privada não teria sentido. Wittgenstein também pensava que deve haver uma "linguagem pública" na qual as palavras adquirem seu significado a partir da forma que as usamos. Uma palavra ou afirmação não significa uma coisa específica; seu sentido depende do contexto em que foi usada. Pela sua visão, todos os problemas filosóficos resultam da confusão linguística causada pela forma como a linguagem é, de fato, usada. Ele argumentava que não precisamos de soluções para tais problemas; precisamos que nos mostrem que nunca houve um problema.

Veja também: 108–109

BESOURO NA CAIXA

Para demonstrar sua ideia de linguagem privada e pública, Wittgenstein usava a analogia de que cada um de nós tem uma caixa com algo que ninguém consegue enxergar. Chamamos esse algo de "besouro". Todos dizem que sabem o que é um besouro ao olhar em sua própria caixa, mas é possível que todos tenhamos algo diferente. Todos sabemos que quando dizemos "besouro" queremos dizer "aquilo que está dentro de nossa caixa", independentemente do que cada caixa contenha.

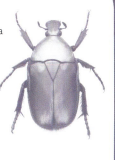

O que é raciocínio?

Será que RAZÃO

NÃO DEVEMOS TENTAR RACIOCINAR...

OS PRIMEIROS FILÓSOFOS USARAM O RACIOCÍNIO PARA TENTAR ENTENDER O MUNDO AO SEU REDOR, OFERECENDO EXPLICAÇÕES RACIONAIS NO LUGAR DE CRENÇAS CONVENCIONAIS. MAS O RACIOCÍNIO FILOSÓFICO TEM SIDO USADO PARA JUSTIFICAR CRENÇAS BEM COMO PARA AS CONTRADIZER, E EXISTEM ALGUMAS COISAS QUE A RAZÃO SOZINHA NÃO CONSEGUE EXPLICAR.

Os imortais

Apesar de os primeiros filósofos gregos buscarem explicações racionais como alternativa para as crenças tradicionais, isso não parecia ameaçar sua religião. Sua ideia de religião era muito diferente de nossas noções de um ser supremo: assumia-se como certo que existiam deuses imortais, mas sua vida era parecida com a dos homens, e eles não ditavam a forma como os humanos deveriam se comportar. Ainda assim, poucos filósofos ousaram ser abertamente ateus, já que não era uma boa criticar ideias tradicionais dos deuses. Em vez de simplesmente aceitar tais coisas como um ser supremo, uma alma imortal ou como uma questão de fé, filósofos como Platão usavam a razão para justificar a crença nelas.

Cristianismo e Islã

Com o crescimento do cristianismo na Europa, as atitudes em relação ao pensamento racional mudaram radicalmente. Todos os aspectos da vida medieval eram dominados pela Igreja, a qual esperava fé absoluta em suas doutrinas. A teologia (o estudo de Deus e das crenças religiosas) assumiu precedência sobre a filosofia, e o legado dos filósofos gregos era visto com suspeição e, às vezes, hostilidade. Aos poucos as ideias de Platão e Aristóteles foram aceitas, mas o raciocínio filosófico (que foi explicado como uma habilidade dada por Deus) era grandemente usado para oferecer justificativas racionais dos artigos de fé como a existência de Deus, do céu ou do inferno. O Islã, por outro lado, viu pouca incompatibilidade entre suas crenças e

> O taoísmo, o confucionismo ou o budismo podem ser vistos como filosofias ou religiões, já que razão e fé têm seu papel em sua visão do mundo.

Lógica

e FÉ são compatíveis?

... SOBRE A FÉ.

a filosofia ocidental. Junto da teologia, os intelectuais islâmicos estudaram e refinaram a obra dos filósofos gregos, levando a um enorme avanço na matemática e na ciência. Eles reconheceram implicitamente que a fé e a razão tinham cada uma seu lugar.

Um mundo secular?
Com o Renascimento na Europa, a Igreja perdeu muito do seu poder. Os líderes religiosos foram substituídos por políticos, e as sociedades baseavam suas leis no raciocínio da filosofia moral em vez de nos mandamentos divinos. Uma revolução científica também estava em andamento, desafiando muitas crenças religiosas. Cresceu a visão de que o pensamento racional e a fé religiosa poderiam coexistir, mas que eram inteiramente separados. Essa visão continua até hoje, a despeito do crescimento da filosofia materialista no século XIX, a qual dizia que só as coisas materiais podem existir, e o surgimento de filósofos que argumentavam que não existe lugar para nada que não possa ser explicado pela razão. Hoje muitos filósofos aceitam que algumas coisas não podem ser provadas pela razão e que a filosofia e a ciência não conseguem responder tudo. E, apesar de o raciocínio e a ciência poderem contradizer algumas crenças básicas da religião, há muitos cientistas e filósofos que têm uma fé religiosa. O perigo, no entanto, é quando o raciocínio é usado para impulsionar algo que já tenha sido aceito pela fé, ou quando a fé é usada como substituta para a razão. No momento em que argumentos racionais e científicos são negados pela força de dogmas religiosos ou políticos, não há espaço para um debate racional.

Veja também: 44–45, 66–67

> **NÃO QUEIRAS ENTENDER PARA CRER; CRÊ PARA QUE POSSAS ENTENDER.**
> AGOSTINHO DE HIPONA

O que é raciocínio?

A lógica NA PRÁTICA

ENCONTRANDO SOLUÇÕES

Muitos trabalhos envolvem um elemento de solução de problemas ou tomada de decisões. Antes de seguir adiante, é importante que pensemos sobre a tarefa e as opções disponíveis. Ao analisarmos um problema, podemos ver de forma mais fácil as consequências lógicas e planejar um curso de ação.

TRANSMITINDO A IDEIA

Com frequência temos de persuadir outras pessoas a aceitar nosso ponto de vista e convencê-las de nossas ideias. Isso pode se dar num debate formal ou numa discussão com amigos. Mas, em qualquer situação, apresentar algo com um sólido argumento lógico dá maior peso que expressar uma opinião.

UM ARGUMENTO VENCEDOR

Advogados que atuam em nome de seus clientes baseiam seus casos na evidência disponível e em como isso se relaciona com a lei. Para convencer um juiz ou um júri, e sustentar sua tese acima de qualquer dúvida racional, precisam apresentar um argumento lógico e apontar as inconsistências dos argumentos opostos.

DINHEIRO É IMPORTANTE

As políticas econômicas de partidos opostos costumam ser muito diferentes, mas todas alegam oferecer a melhor forma de alcançar a prosperidade. Para decidir entre elas, devemos avaliar tanto a força de seus argumentos quanto as implicações lógicas de suas políticas.

Lógica

APRENDIZADO LÓGICO

Em qualquer tarefa, é útil organizar seus pensamentos de forma clara e lógica, mas isso ajuda, em especial, nos estudos e no aprendizado. Tocar um projeto e se preparar para uma prova ficam mais efetivos quando feitos de forma metódica. A informação é mais fácil de ser entendida e lembrada quando se segue um curso lógico.

PROGRESSO CIENTÍFICO

As ciências naturais são baseadas num processo de raciocínio indutivo, derivando teorias da observação e do experimento. Os métodos usados para testar essas teorias estão, o tempo todo, sendo refinados, explorando as fraquezas das teorias existentes, mas também abrem caminho para novas descobertas que puxam o projeto científico.

A lógica se desenvolveu como um meio de apresentar e analisar argumentos filosóficos, mas seus princípios podem ser aplicados a argumentos sustentando qualquer crença ou teoria. Podemos aplicar o pensamento racional, nossa habilidade de raciocinar, a quase qualquer coisa, e a lógica oferece um arcabouço para como pensamos.

MÁQUINAS PODEROSAS

A lógica é vital para a ciência da computação e a tecnologia da informação. Programar uma máquina para fazer uma tarefa exige que tal tarefa seja dividida numa série de passos lógicos, e o avanço na lógica matemática levou a um leque cada vez maior de aplicações para a tecnologia da computação, como a proteção contra o roubo de identidade.

CIÊNCIA RUIM

Existe demanda por remédios "alternativos", dietas especiais ou superalimentos que prometem resultados milagrosos. Se cada um deles parece bom demais para ser verdade, é porque há pouca evidência de que realmente funcionem. Antes de serem considerados eficazes – e seguros – os tratamentos precisam ser testados com métodos científicos adequados.

O que é CERTO ou ERRADO?

Não existe o BEM e o MAL

O que é uma VIDA BOA?

CERTO ou ERRADO – é tudo relativo...

Será que os fins JUSTIFICAM os meios?

Em que tipo de SOCIEDADE você gostaria de viver?

A filosofia moral, ou ética, é a área da filosofia ocupada com as ações que são certas ou erradas em várias circunstâncias, bem como a melhor forma de vivermos nossa vida. Bem perto dela está o ramo da filosofia política, que se ocupa de ideias como justiça e liberdade e de como podemos organizar e governar nossa sociedade.

O que torna uma sociedade CIVILIZADA?

É possível ter LIBERDADE e JUSTIÇA?

Não temos direitos IGUAIS

O que DEUS tem a ver com isso?

Estamos brincando de DEUS?

O que é a ARTE?

Não existe o BEM

VIVA!

"ISSO É BOM" EXPRESSA APROVAÇÃO...

MUITO DA FILOSOFIA TEM A VER COM QUESTÕES SOBRE O MUNDO AO NOSSO REDOR E O NOSSO ENTENDIMENTO SOBRE ELE, E PODE PARECER NÃO TER QUASE NADA A VER COM A NOSSA VIDA COTIDIANA. O RAMO DA FILOSOFIA CONHECIDO COMO FILOSOFIA MORAL OU ÉTICA, NO ENTANTO, EXAMINA NOSSAS IDEIAS DE CERTO E ERRADO, BEM E MAL E A BASE MORAL PARA NOSSOS JULGAMENTOS E AÇÕES.

O que é a virtude?

Como em outras áreas da filosofia, a filosofia moral surgiu da tentativa de encontrar uma explicação racional para as crenças que eram simplesmente aceitas por convenção. Ideias sobre o bem e o mal eram geralmente ditadas pela religião ou pela tradição, com as leis descrevendo o comportamento certo ou errado. Entretanto, filósofos como Sócrates não estavam satisfeitos em aceitar se uma ação estava certa ou errada. Eles tentaram identificar as propriedades dessas ações que as tornavam moralmente boas ou más. Sócrates enfrentou o problema ao desafiar ideias convencionais. Fazendo a pergunta fundamental, "O que é a virtude?", ele buscava definir as propriedades morais do bem e do mal que usamos como base para julgar se nossas ações são moralmente certas ou erradas. A filosofia moral tenta identificar essas propriedades morais por meio do argumento racional, para dar uma base racional a nossos julgamentos éticos.

> **AS REGRAS DA MORALIDADE, PORTANTO, NÃO SÃO CONCLUSÕES DE NOSSA RAZÃO.**
> DAVID HUME

Veja também: 14-15, 110-111

PESSOAL E POLÍTICO

O campo da ética, ou filosofia moral, examina a forma como julgamos se uma ação é moralmente boa ou má. Assim como decidimos nosso próprio código de moral individual – o que achamos ser certo ou errado – juntos estabelecemos as leis com base em julgamentos éticos. Elas não apenas previnem crimes e injustiças, mas também determinam como governamos nossa sociedade – os sistemas políticos.

Filosofia moral e política

e o MAL

> **O FATO DE AS REGRAS MORAIS SEREM POSTAS PELAS AUTORIDADES NÃO É SUFICIENTE PARA VALIDÁ-LAS.**
> A. J. AYER

... E "ISSO É MAU" EXPRESSA DESAPROVAÇÃO.

O problema do "é/deveria"

David Hume, no entanto, não estava convencido de que a moralidade poderia ser julgada através de um argumento racional. Por meio do raciocínio, podemos demonstrar como algo é, mas, argumentava Hume, isso é diferente de dizer como isso deveria ser – existe uma diferença entre o mundo do fato e o mundo do valor. Não podemos derivar um "deveria" de um "é", logo a razão não pode ser a base para julgamentos morais. Ele achava que muito da filosofia moral cometera o erro de estabelecer fatos pelo raciocínio, para, em seguida, inferir um valor moral sem justificativa: regras de moralidade não podem ser conclusões de um argumento racional. Hume acreditava que o que ele chamava "paixões" – nossas emoções e impulsos instintivos – molda nossas ideias e comportamentos, os quais justificamos pelo raciocínio. De forma similar, temos um "sentimento", um senso moral, que guia nossas decisões éticas, e é a partir dele que derivamos nossos valores morais.

Uuu! Viva!

Outros filósofos também eram céticos sobre se a razão poderia ou não sustentar regras morais. Ecoando as ideias de Hume, o filósofo britânico A. J. Ayer sugeriu nos anos 1930 que as afirmações sobre moralidade pareciam declarar fatos, mas na verdade apenas justificavam atitudes. Uma regra moral como "matar é errado" parece afirmar um fato verdadeiro. De acordo com Ayer, no entanto, tudo o que ela faz é expressar uma atitude de desaprovação em relação ao ato de matar. Isso, de fato, não afirma nada. O mesmo é verdade quanto a "caridade é boa". Isso expressa a forma de como quem fala se sente em relação à caridade ("Viva a caridade!"), mas, assim como "matar é errado", não tem nenhum sentido real, não sendo a expressão nem verdadeira nem falsa. Ayer argumentava que as chamadas regras morais não têm nenhum sentido – elas só podem, no máximo, expressar as emoções de uma pessoa. Por outro lado, "Eu desaprovo matar" é uma alegação significativa. Ela declara um fato a respeito de algo, e esse fato poderia ser falso (poderia ser uma mentira). A teoria de Ayer é conhecida como expressivismo, ou teoria do "Uuu/Viva" (*Boo/Hurrah*, em inglês). Assim como Hume, Ayer achava que a moralidade está arraigada em nossas emoções.

Polegar para baixo ➔
David Hume e A. J. Ayer acreditavam que não podemos raciocinar a respeito da moral, porque nossos próprios sentimentos subjetivos determinarão se o que consideramos em uma ação ou opinião é moralmente certo ou errado.

A palavra "moralidade" vem do latim *moralitas*, que significa "comportamento adequado".

O que é uma VIDA BOA?

USAMOS NOSSO JULGAMENTO MORAL PARA DECIDIR O QUE CONSIDERAMOS BOM OU MAU E COMO DEVEMOS AGIR EM CERTAS SITUAÇÕES. TAMBÉM USAMOS IDEIAS MAIS GERAIS SOBRE O QUE CONSTITUI UM COMPORTAMENTO MORALMENTE CORRETO COMO UM GUIA SOBRE A FORMA DE VIVER NOSSA VIDA. E, TALVEZ, LEVAR UMA VIDA MORALMENTE BOA SIGNIFIQUE QUE TAMBÉM PODEMOS TER UMA VIDA FELIZ.

> É IMPOSSÍVEL VIVER SÁBIA, HONRÁVEL E JUSTAMENTE SEM VIVER PRAZEROSAMENTE.
> **EPICURO**

Levando uma vida de virtude

Uma parte importante da cultura da Grécia Antiga era a ideia da "vida boa", a qual toda pessoa deveria querer ter. Os gregos tinham uma palavra para isso: *eudemonismo* (literalmente, "espírito bom"), que corporificava a ideia não apenas de uma forma de vida moralmente correta, mas também de uma vida contente ou feliz – o que hoje talvez considerássemos uma vida satisfeita. Agir de maneira moralmente correta leva a esse tipo de satisfação porque nos sentimos satisfeitos ao agir de acordo com nossos princípios e nos sentimos insatisfeitos quando fazemos algo que consideramos eticamente errado. Os filósofos tentaram determinar o que é capaz de fazer das coisas moralmente boas ou más e definir a "virtude", algo central para levar uma vida boa e feliz.

Atingindo nosso pleno potencial

Os gregos antigos usavam a palavra *aretê*, a qual traduzimos por "virtude", mas que tem, de fato, um sentido mais amplo, conectado à noção de "vida boa". Além de transmitir a ideia de correção moral, *aretê* também traz a noção de excelência e do que é "virtuoso" para alguém buscar alcançar o seu pleno potencial. Sócrates defendia que, para viver de modo

A FALÁCIA NATURALISTA

De acordo com G. E. Moore, as noções éticas como "bom" e noções factuais como "prazeroso" não devem ser confundidas. É um erro pensar que "bom" representa a mesma coisa que "prazeroso", que descreve uma propriedade natural de algo. Termos éticos não são factuais – eles não se referem a coisas no mundo natural, mas descrevem propriedades não naturais, as quais reconhecemos pela intuição, ou senso moral.

Filosofia moral e política

virtuoso, é necessário saber o que é *aretê* – as propriedades que constituem a virtude. Ter tal conhecimento é ser virtuoso. Não é possível conhecer *aretê* e não viver uma vida virtuosa. E as pessoas que se comportam incorretamente só são assim porque não sabem o que é a virtude. *Aretê*, concluiu, é necessária e suficiente para a "vida boa": se você não sabe o que é a virtude, não poderá viver uma vida correta e satisfeita, mas, se souber, não terá como não viver uma vida correta e satisfeita.

Virtude ou prazer?

Outros filósofos, principalmente Aristóteles, concordaram que a virtude é necessária para uma vida boa e feliz, mas disseram que ela sozinha não bastava. Existem outras coisas boas que contribuem para se ter uma vida satisfeita, como amigos e família, saúde e conforto material. Também existem coisas que nos dão prazer, como riqueza e poder. Epicuro chegou a defender que o prazer é o maior bem e a dor, o maior mal. Ele achava que a moral poderia ser medida pela quantidade de prazer ou dor que ela causasse, de modo que a meta da vida boa é maximizar o prazer e minimizar a dor. Mas essa era uma visão minoritária, e outras escolas de pensamento adotaram a visão de Sócrates. Os cínicos, por exemplo, defendiam viver uma vida simples de virtude de acordo com a natureza, rejeitando todos os prazeres puramente sensuais.

Mais tarde os estoicos desenvolveram essa ideia, defendendo uma vida puramente virtuosa na qual fatores externos que nos dariam prazer como saúde, riqueza e poder seriam irrelevantes e os que nos trouxessem dor seriam para ser tolerados. A divisão entre essas correntes de pensamento voltou à tona entre os filósofos morais e políticos posteriores, que discordavam se a moralidade de uma ação deveria ser julgada por suas consequências ou suas intenções.

> Diógenes, o cínico, rejeitava os prazeres mundanos a ponto de dormir num barril.

VIRTUDE / **PRAZERES SENSUAIS** → **UMA VIDA BOA** → **SATISFEITA** / **VIRTUOSA** → **FELIZ**

◐ **Uma vida boa é uma vida feliz**
Apesar de Sócrates, os cínicos e os estoicos igualarem a vida boa a uma vida virtuosa, Aristóteles e Epicuro julgavam necessários tanto a virtude como os prazeres sensuais para sentir satisfação.

O que é certo ou errado?

SÓCRATES
469-399 a.C.

Nascido em 469 a.C., na cidade grega de Atenas, filho de um pedreiro e de uma parteira, Sócrates foi a primeira grande figura da filosofia ocidental, embora continue sendo um enigma. Ele não deixou nenhuma escrita direta, portanto o que acreditamos saber dele veio das obras de outros, especialmente de seus ex-pupilos Platão e Xenofonte.

Todos os relatos de Sócrates o descrevem como feio: baixinho e parrudo, de olhos esbugalhados que faziam com que parecesse estar sempre fitando algo.

MUDANÇA DE CARREIRA

Depois de trabalhar como cortador de pedras, Sócrates serviu no Exército ateniense contra Esparta durante a Guerra do Peloponeso. Lutou em três campanhas, incluindo o cerco de Potideia, no qual salvou a vida de Alcebíades, um general ateniense. Voltando para casa, tornou-se filósofo em tempo integral, vagando em público e usando toda a Atenas como sua sala de aula.

O MÉTODO SOCRÁTICO

Sócrates conversava com qualquer um que estivesse disposto a interpelá-lo, e seu método para ensinar e explorar assuntos tornou-se famoso como o método socrático. Ele adotava uma posição de completa ignorância antes de perguntar, pesquisar e esclarecer questões, expondo as brechas no conhecimento ou a falta de lógica num argumento. Isso ajudava um aluno a alcançar o entendimento.

Filosofia moral e política

O OBSERVADOR DAS PESSOAS

Sócrates focava sua filosofia diretamente na humanidade. Ele defendia que a sabedoria definitiva vinha de as pessoas conhecerem a si mesmas. Via a si mesmo como um "cidadão do mundo", não apenas de Atenas. Acreditava que a melhor forma de governo não era a democracia ou a ditadura, mas o governo daqueles com as melhores habilidades – uma visão que irritava alguns atenienses.

> "A **vida** que não é **examinada** não vale a pena ser **vivida**."

JULGADO

As visões sinceras de Sócrates fizeram com que ganhasse inimigos políticos em Atenas, e em 400 a.C., foi acusado de corromper a mente de seus jovens alunos. Foi considerado culpado em seu julgamento diante de mais de 500 cidadãos atenienses e sentenciado à morte. Recusou a chance de fugir e tornou-se seu próprio carrasco um ano mais tarde, tomando um copo da venenosa cicuta.

CERTO ou ERRADO:

A MAIORIA DAS PESSOAS CONCORDARIA SEM HESITAR QUE CERTAS COISAS, COMO GENOCÍDIO OU TORTURA, SÃO MORALMENTE ERRADAS, INDEPENDENTEMENTE DE QUEM SEJA ATINGIDO. MAS SERÁ QUE ISSO É VERDADE? ALGUNS FILÓSOFOS ARGUMENTARAM QUE TODA MORALIDADE É RELATIVA, DEPENDENDO DE CULTURAS, ENQUANTO OUTROS SUSTENTAM QUE EXISTEM PELO MENOS ALGUNS ABSOLUTOS MORAIS.

Nossos valores são subjetivos

Enquanto Sócrates e outros filósofos morais da Grécia Antiga tentaram identificar as propriedades da virtude para estabelecer o que define a moralidade, surgiu outro grupo de pensadores que acreditavam que não havia uma única e simples resposta à pergunta sobre o que é certo ou errado. Os sofistas eram originalmente advogados que, por um honorário, usavam suas habilidades de retórica para debater e argumentar em julgamentos. Com frequência, dois clientes em lados opostos alegavam que estavam certos. A partir disso, os filósofos sofistas como Protágoras desenvolveram a noção de que existe mais de um lado para todo argumento e ideias de certo e errado dependem da percepção da pessoa – a moralidade está baseada em valores subjetivos. O que é considerado certo ou errado é em grande medida determinado pela cultura e tradição de um grupo social, de modo que a moralidade de qualquer declaração ou ação deve ser julgada em relação ao que é considerado aceitável por aquele grupo.

> As crianças precisam ser ensinadas sobre a diferença entre o certo e o errado – elas aprendem os valores morais de sua própria sociedade.

Você escolhe

A visão de que algo é certo ou errado dependendo das normas de diferentes grupos sociais é conhecida como relativismo. Culturas diferentes têm costumes diferentes, e atitudes em relação ao que é considerado eticamente correto podem mudar com o passar do tempo. A escravidão, por exemplo, era moralmente aceitável na Grécia Antiga, mas nos parece obviamente errada hoje. Da mesma forma, existem

LIBERDADE DE ESCOLHA

Assumindo uma visão oposta ao relativismo, Immanuel Kant propôs que a moralidade é baseada na razão, como a ciência, e que leis morais, como leis científicas, não podem ter exceções – algo que a razão mostra ser moralmente certo deve ser sempre certo. Devemos ser guiados por aquilo que ele chamava de imperativo categórico: "Age como se a máxima de tua ação devesse tornar-se, através da tua vontade, uma lei universal".

EXISTE MAIS DE UM LADO PARA UM ARGUMENTO.

Veja também: 118-119, 120-121

Filosofia moral e política

é tudo relativo...

opiniões diferentes não somente entre um país e outro, mas mesmo dentro de um país, quanto à justificativa da pena de morte. Para o relativista, a moralidade é simplesmente o que o indivíduo, ou talvez a maioria das pessoas num determinado tempo e lugar, aprova. Visto assim, os julgamentos morais são apenas uma questão de opinião ou gosto. Quando achamos que algo é moralmente errado, isso é verdadeiro para nós. Para os que acham diferente, é falso. Não há uma verdade objetiva.

Não, nem tudo é relativo

O relativismo tem sido usado para justificar uma maior tolerância das visões e costumes de outros povos, especialmente numa sociedade multicultural. Mas é difícil aceitar a ideia de que não podemos criticar nenhuma afirmação moral – por exemplo, ao decidir se são certas algumas práticas condenatórias de um sistema penal brutal, quando esse sistema é aceito por outras culturas. Se a moralidade é simplesmente uma questão de opinião cultural, não temos nenhuma base para criticar nem mesmo a tirania e o genocídio. Levados ao extremo, o relativismo nos faria crer que "tudo vale", mas, apesar de sociedades e indivíduos poderem discordar sobre muitas questões morais,

> **O HOMEM É A MEDIDA DE TODAS AS COISAS.**
> PROTÁGORAS

algumas coisas são quase universalmente aceitas como erradas. A maioria das pessoas acredita que existem coisas chamadas de absolutos morais – como "roubar é errado" – e que elas estão refletidas na ética de cada cultura.

← Questão de opinião
O relativismo moral argumenta que as opiniões do que é certo ou errado variam de cultura para cultura, de modo que não há uma verdade objetiva. Entretanto, a maioria das pessoas discordaria desse argumento.

Será que os fins JUSTIFI

QUANDO CONFRONTADOS COM UM PROBLEMA ÉTICO, HÁ UMA SÉRIE DE FATORES QUE DEVEMOS CONSIDERAR. TALVEZ DECIDAMOS AGIR DE ACORDO COM UM ESTRITO CÓDIGO MORAL SOBRE AQUILO QUE CONSIDERAMOS CERTO OU ERRADO, INDEPENDENTEMENTE DAS CONSEQUÊNCIAS. OUTRA OPÇÃO SERIA EXAMINAR AS CONSEQUÊNCIAS DE NOSSA DECISÃO: MAS SERÁ QUE AS CONSEQUÊNCIAS SÃO TUDO O QUE INTERESSA, MORALMENTE FALANDO?

> DEVE SER ENTENDIDO QUE UM **PRÍNCIPE** NÃO PODE OBSERVAR TODAS AS COISAS QUE SÃO CONSIDERADAS **BOAS** NOS **HOMENS**.
> NICOLAU MAQUIAVEL

O resultado é tudo

As ideias de moralidade foram moldadas pela religião, não pela filosofia, durante o período medieval. As sagradas escrituras do judaísmo, do cristianismo e do islamismo, que se creem ser a palavra de Deus, continham leis que especificavam quais coisas eram consideradas certas e erradas. Na Europa, o poder da Igreja começou a minguar durante o Renascimento, e surgiram nações governadas por líderes seculares que usavam leis feitas pelos homens, em vez de dadas por Deus. Os governantes quase sempre tinham conselheiros, e um desses, o italiano Nicolau Maquiavel, escreveu um notável manual para governantes,

O príncipe, no qual sugeria que a moralidade pessoal tradicional não deveria influenciar as decisões políticas. Um governante deve estar preparado para agir de forma imoral (por exemplo, ao usar a violência ou a enganação) pelo bem do Estado. Ele talvez estivesse descrevendo satiricamente o que os soberanos fazem, em vez do que deveriam fazer. De qualquer forma, a mensagem de Maquiavel de que os fins justificam os meios tornou-se muito influente. A moral, provavelmente quis dizer, deveria ser julgada pelas consequências das ações, em vez de pelas próprias ações.

☞ Alguém que não tem nenhum princípio moral pode ser descrito como "maquiavélico".

Agradando a maioria das pessoas

A partir da época de Maquiavel, a Igreja católica teve cada vez menos influência na forma como a sociedade era organizada, e a filosofia moral não era mais simplesmente usada para justificar as regras morais religiosas. Em vez disso, os filósofos sugeriram modelos alternativos, baseados na razão mais do que no dogma, e surgiram sistemas éticos com base nos resultados mais do que em absolutos morais. Talvez o mais importante deles tenha sido desenvolvido pelo filósofo inglês Jeremy Bentham, que propôs que a moralidade de uma ação pode ser julgada ao se ponderarem suas consequências benéficas ou danosas. Isso, sugeria ele, pode ser medido pela quantidade de prazer ou dor que elas causam e pelo número de pessoas que são

A REGRA DE OURO
No cerne de quase todo sistema de filosofia moral e da maioria das religiões existe uma versão da "regra de ouro", talvez mais conhecida pelo dito "Faça aos outros o que gostaria que fizessem a você". Ela corporifica o princípio da reciprocidade – de que devemos tratar os outros da forma que gostaríamos de ser tratados – e se aplica tanto às intenções como aos resultados.

> A **MAIOR FELICIDADE** DO MAIOR NÚMERO É O FUNDAMENTO DA MORAL E DA LEI.
> JEREMY BENTHAM

Filosofia moral e política

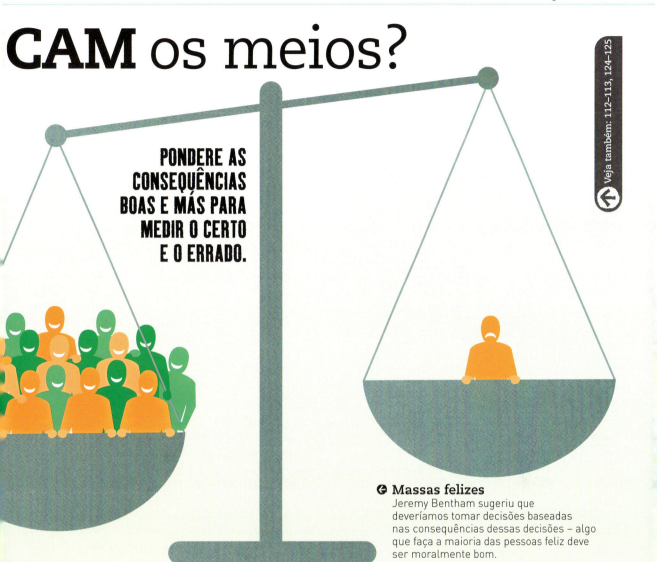

GAM os meios?

PONDERE AS CONSEQUÊNCIAS BOAS E MÁS PARA MEDIR O CERTO E O ERRADO.

Veja também: 112-113, 124-125

← Massas felizes
Jeremy Bentham sugeriu que deveríamos tomar decisões baseadas nas consequências dessas decisões – algo que faça a maioria das pessoas feliz deve ser moralmente bom.

afetadas – e os resultados poderiam ser calculados quase matematicamente com aquilo que ele chamava de "cálculo de felicidade". Algo poderia ser considerado moralmente bom se maximizasse o prazer e minimizasse a dor: o que traz felicidade para a maioria das pessoas é a medida do certo e do errado.

Temos um dever moral

Alguns filósofos, no entanto, não aceitaram a ideia de moralidade baseada em resultados. O de maior destaque entre eles foi Immanuel Kant, que acreditava que algo é certo ou é errado, e não pode haver exceções: a moralidade é uma questão de dever e não deveria ser julgada pelas consequências, independentemente de quão danosa ou benéfica elas possam ser. Se, por exemplo, você acreditar que é errado mentir, Kant argumentaria que é seu dever moral dizer a verdade o tempo todo. Mesmo contar uma "mentirinha" para proteger alguém, como mentir para uma gangue violenta onde está o seu amigo, é moralmente errado. Kant enfatizou que cada um de nós tem a liberdade de decidir o que consideramos moralmente correto, e devemos escolher somente aquelas coisas que estamos preparados para aceitar como regras invioláveis.

Em que tipo de **SOCIEDADE** você gostaria de viver?

A FILOSOFIA MORAL ESTÁ OCUPADA COM NOÇÕES DO QUE É CERTO OU ERRADO, BOM OU MAU, E DE QUAL CRITÉRIO USAMOS PARA JULGAR PREMISSAS MORAIS. MUITO PRÓXIMA DESSAS IDEIAS É A MANEIRA COMO ELAS SÃO APLICADAS A NOSSO COMPORTAMENTO SOCIAL E, EM PARTICULAR, A FORMA PELA QUAL ORGANIZAMOS NOSSAS SOCIEDADES – O ASSUNTO DA FILOSOFIA POLÍTICA.

> Os 25 países mais ricos do mundo são todos democracias representativas.

O HOMEM É POR NATUREZA UM ANIMAL POLÍTICO.
ARISTÓTELES

A moral da vida urbana
A filosofia ocidental surgiu na Grécia ao mesmo tempo que a civilização grega consolidou-se como a maior potência cultural e política. O povo vivia em sociedades centradas numa cidade-estado, ou pólis, e surgiram vários tipos de governo para organizá-las. Em uma pólis em particular, Atenas, os filósofos voltaram suas atenções para questões de virtude e ética, e em seguida para a moralidade da própria pólis – sua política. O conceito do que significa viver a "vida boa" era visto como relacionado não apenas aos cidadãos individuais, mas à cidade-estado como um todo. As sociedades civis como a pólis precisam ser organizadas de modo que seus cidadãos possam levar uma "vida boa", mas também para garantir que possam desfrutar tanto a justiça quanto a liberdade. A filosofia política se desenvolveu para examinar não apenas como as sociedades deveriam ser organizadas e as leis para determinar sua estrutura, mas também como elas deveriam ser governadas – quem faz as leis e como devem ser impostas.

◉ Jogando pelo poder
Aristóteles definiu formas de governo de acordo com quem detém o poder e para quem o poder é usado. As peças brancas do xadrez representam o que ele via como formas virtuosas, e as peças pretas, as suas formas corruptas.

O governo dos filósofos
Um dos primeiros filósofos políticos foi Platão, que deu uma descrição detalhada daquilo que ele considerava uma sociedade ideal em seu livro *A república*. Ele escreveu que as pessoas se juntam para formar sociedades como a pólis para viverem a "vida boa", de acordo com a noção de virtude. É propósito do Estado, sugeriu, prover os meios para que elas assim o façam. Cidadãos comuns não podem ser deixados à sorte para viver de forma virtuosa porque eles não têm o conhecimento da Forma Ideal da virtude, a qual só pode ser alcançada pelo raciocínio filosófico. Por essa razão, Platão declarou que o Estado deveria ser governado por uma elite com o conhecimento necessário – uma classe de filósofos-reis, capazes de guiar e educar seus súditos. A ideia de que as pessoas comuns não têm o conhecimento e as habilidades necessários para governar a si mesmos persiste até hoje, mesmo em democracias representativas

ARISTOCRACIA

QUEM ESTÁ NO PODER?

DEMOCRACIA

Filosofia moral e política

na qual uma classe profissional de políticos é eleita para representar as visões do povo.

Regras para você ou para o bem comum?

Assim como em quase todos os aspectos da filosofia, Aristóteles assumiu uma postura muito diferente da de Platão nas questões políticas. Em sua forma tipicamente metódica, Aristóteles analisou e classificou as diversas formas possíveis de governo de acordo com os critérios "Quem governa?" ou "Em favor de quem?". Um Estado deve ser governado por um único governante, por um grupo seleto ou pelo povo como um todo. Aos que governassem para o bem comum ele chamava de constituições "verdadeiras": monarquia, aristocracia e politeia (ver quadro à direita). Em contraste, os que governavam em seu próprio interesse – tirania, oligarquia e democracia –, ele descrevia como "pervertidos" ou "corruptos". Para o equilíbrio, Aristóteles acreditava que a politeia (governo pelos cidadãos para o bem comum) é a forma ideal de governo, mas a democracia (governo pelo povo em seu próprio interesse) é a menos danosa das formas corruptas. Hoje a maioria das democracias ocidentais confirmaria sua avaliação. Ainda existem muitas formas "corruptas" de governo por todo o mundo, e algumas teocracias (governadas por religiosos em nome de Deus) têm rejeitado o ideal da democracia representativa.

Veja também: 120-121, 132-133

DEMOCRACIA

A visão de Aristóteles sobre a democracia como algo "pervertido" pode parecer confusa. Mas ele se referia à Atenas clássica, onde apenas uma certa classe de homens tinha o direito de participar do processo político. As ideias modernas de democracia representativa – descrita por Abraham Lincoln como o "governo do povo, pelo povo e para o povo" – são mais próximas da ideia da "politeia" de Aristóteles.

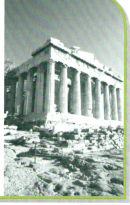

QUEM ESTÁ NO PODER?

O que é certo ou errado?

HANNAH ARENDT

1906–1975

Ao crescer em Königsberg (hoje Kaliningrado, Rússia), Johanna "Hannah" Arendt viveu perto da fronteira russo-germânica, palco de conflitos durante a I Guerra Mundial. Passou por tragédias familiares logo cedo, quando seu pai morreu e ela tinha apenas sete anos. Sua paixão pela filosofia se desenvolveu durante a adolescência, e Arendt estudou o assunto nos anos 1920 nas universidades de Marburg e Heidelberg, com os notáveis pensadores Martin Heidegger e Karl Jaspers.

ASCENSÃO DOS NAZISTAS

Arendt testemunhou a ascensão do Partido Nacional Socialista (Nazista) no começo dos anos 1930. Por ser judia, foi proibida de lecionar em universidades e, ao pesquisar técnicas da propaganda nazista, foi presa e interrogada pela Gestapo. Com medo de ser presa, Arendt fugiu para Paris em 1933, onde trabalhou com grupos de refugiados para ajudar outros a deixar a Alemanha.

FUGINDO DA OPRESSÃO

Quando os alemães invadiram a França, Arendt foi enviada a um campo de concentração, mas escapou e viajou com seu marido, Heinrich Blücher, para os Estados Unidos. Lá ela escreveu sua primeira grande obra, *As origens do totalitarismo* (1951), um marco no estudo dos regimes ditatoriais nazista e stalinista, os quais experimentou pessoalmente.

Filosofia moral e política

> "Nenhuma **punição** já teve poder **suficiente** para prevenir **crimes**."

A CONDIÇÃO HUMANA

Arendt tornou-se cidadã americana em 1951 e publicou *A condição humana* sete anos mais tarde. Voltando aos filósofos da Grécia Antiga, o livro discute os ideais clássicos de trabalho e cidadania. Arendt também defendeu a participação e a liberdade política pessoal, e atacou a tendência da economia de dominar a política nas sociedades modernas.

Um filme chamado *Hannah Arendt* foi lançado em 2013. Ele dramatiza as observações de Arendt durante o julgamento de Adolf Eichmann.

A BANALIDADE DO MAL

Em 1961, Arendt observou parte do julgamento do criminoso de guerra nazista Adolf Eichmann, um dos organizadores do genocídio de 6 milhões de judeus durante a II Guerra Mundial. Em seu livro de 1963, *Eichmann em Jerusalém*, Arendt causou controvérsia ao defender que ele parecia "terrivelmente normal" e que as atrocidades não foram cometidas por monstros malignos, mas por pessoas relativamente comuns seguindo ordens sem pensar.

O que torna uma sociedade **CIVILIZADA**?

AS CIVILIZAÇÕES EVOLUÍRAM CONFORME AS PESSOAS SE JUNTAVAM PARA VIVER EM GRUPOS SOCIAIS CADA VEZ MAIORES, PRIMEIRO EM VILAS, DEPOIS EM POVOADOS, CIDADES E NAÇÕES. ESSAS SOCIEDADES OFERECEM VANTAGENS, INCLUINDO PROTEÇÃO E OS MEIOS PARA DESENVOLVER CAPACIDADES DE PRODUÇÃO. TALVEZ TENHAMOS QUE SACRIFICAR ALGUMAS DE NOSSAS LIBERDADES PARA DESFRUTAR UMA VIDA CIVILIZADA.

> Thomas Hobbes tinha boas razões para querer um líder forte – ele viveu numa guerra civil por vinte anos.

Um estado de natureza

Aristóteles descreveu o homem, de forma amplamente conhecida, como um "animal político", implicando que ele via de modo natural o fato de querermos viver em sociedades como a pólis, a cidade-estado grega. Filósofos posteriores, no entanto, queriam descobrir como essas sociedades surgiram, para melhor entender como elas deveriam ser organizadas. Thomas Hobbes optou por comparar a vida numa sociedade civilizada com a vida naquilo que descreveu como "estado da natureza". Ele assumiu uma visão meio turva da natureza, sobretudo de natureza humana, e disse que, deixadas à sua própria sorte, as pessoas agiriam simplesmente em interesse próprio, numa situação de "cada homem por si". No mundo vislumbrado por Hobbes, todos estariam contra todos num perpétuo estado de guerra, e ninguém seria capaz de criar prosperidade, muito menos buscar as coisas boas da vida. Para evitar tal cenário as pessoas se unem, abandonando um pouco da sua liberdade de fazer o que quiserem em troca da proteção de uma sociedade civilizada.

> **A CONDIÇÃO DO HOMEM É UMA CONDIÇÃO DE GUERRA DE TODOS CONTRA TODOS.**
> THOMAS HOBBES

O contrato social

As sociedades civis são formadas quando tal arranjo recíproco, ou "contrato social", existe entre os cidadãos e alguma forma de autoridade soberana – um líder ou um governo – que cria e impõe leis para proteger o povo e deixá-lo viver sua própria vida. Hobbes achava que, para prevenir que a sociedade voltasse ao seu "estado de natureza" anárquico (sem lei), tem que haver um líder forte, um monarca ou soberano protetor, a quem é dada autoridade pelo povo. John Locke, de uma geração depois, aceitou a noção de contrato social, mas tinha uma ideia muito diferente de Hobbes quanto ao "estado de natureza". Ele acreditava que não era uma anarquia, mas que as pessoas naturalmente tratariam umas às outras com respeito, mesmo fora da sociedade civil. Na verdade elas se

Veja também: 128-129

REVOLUÇÃO

As ideias de filósofos como Locke e Rousseau tiveram grande impacto na política do século XVIII, especialmente nas revoluções na França e nos Estados Unidos. A visão de Rousseau sobre liberdade restrita ecoou no *Manifesto comunista* de Marx e Engels, que pediram aos trabalhadores que se unissem na revolução socialista: "Vocês não têm nada a perder a não ser suas correntes".

Filosofia moral e política

comportariam de acordo com uma "lei da natureza" moral, reconhecendo os direitos naturais dos outros a comida, água, abrigo etc. As sociedades civis são formadas não para restringir nossos direitos, mas para garanti-los, e o contrato social é o meio pelo qual as pessoas podem escolher um governo para agir a seu favor como um juiz imparcial em qualquer conflito. Em vez de um líder forte, concluiu Locke, a autoridade deveria ser dada pelo povo para um governo eleito e representativo.

Poder para o povo

Jean-Jacques Rousseau propôs outra visão do "estado de natureza", quase totalmente oposto ao de Hobbes. Rousseau acreditava que os humanos nascem livres e podem viver em harmonia entre si, caso lhes seja permitido tomar suas próprias decisões. As sociedades civis, argumentava, não são formadas para proteger direitos e liberdades, mas são constituídas para proteger a propriedade e, na prática, restringem nossas liberdades naturais. Em vez do governo representativo defendido por Locke, ele sugere que se dê poder diretamente aos cidadãos. No sistema de Rousseau, as leis viriam do povo como um todo – o que ele chamava de "vontade geral" – e seriam aplicadas a todos e para o benefício de todos.

❥ As correntes da sociedade

Enquanto Hobbes e Locke consideravam o papel protetor da sociedade, Rousseau defendia que a posse da propriedade e outros aspectos da sociedade restringiam nossa habilidade de controlar nossa própria vida.

O HOMEM NASCE LIVRE, MAS POR TODA PARTE SE ENCONTRA ACORRENTADO.
JEAN-JACQUES ROUSSEAU

A SOCIEDADE CIVIL RESTRINGE NOSSA LIBERDADE NATURAL.

O que é certo ou errado?

As pessoas não podem sair por aí matando

A pergunta "o que é a justiça?" tem ocupado os filósofos desde o tempo de Sócrates, e há muitas interpretações diferentes sobre como a sociedade pode ser organizada para garantir justiça. Governos de qualquer tipo impõem regras sobre a sociedade, leis para proteger a segurança de seus cidadãos. Por exemplo, toda sociedade tem leis para prevenir coisas como assassinato e roubo, e muitas pessoas aceitariam que é justo negar o direito de sair por aí matando e roubando, já que isso nos protege de assassinos e ladrões. Mas o equilíbrio entre quanto a lei protege os direitos e liberdades individuais e quanto ela os restringe, é uma questão em aberto. Thomas Hobbes, por exemplo, defendia um governo autoritário para proteger a vida e a propriedade, enquanto, no outro extremo, Jean-Jacques Rousseau sentia que as leis deveriam ser determinadas pelo povo para o benefício da sociedade como um todo – uma expressão da liberdade em vez de uma limitação.

> A ÚNICA LIBERDADE QUE MERECE O NOME É A DE PROCURAR O PRÓPRIO BEM À NOSSA PRÓPRIA MANEIRA.
> **JOHN STUART MILL**

O princípio da livre expressão nos permite falar o que quisermos, desde que não incomodemos os outros.

Deveríamos ser livres, dentro da razão

Em algum ponto entre esses dois extremos, John Stuart Mill estabeleceu os princípios do liberalismo britânico. Ele foi influenciado pela ideia de utilitarismo de Jeremy Bentham, que dizia que a moralidade deve ser julgada pela maior felicidade para o maior número de pessoas. Entretanto Mill viu que aplicar isso à política apresentava problemas práticos: a felicidade da maioria pode violar a felicidade de alguns indivíduos. Seria trabalho da sociedade, argumentava, educar as

É possível ter LIBERDADE e JUSTIÇA?

PARA AS PESSOAS DESFRUTAREM OS BENEFÍCIOS DA SOCIEDADE CIVIL, TEM QUE HAVER LEIS GOVERNANDO-AS. APESAR DE ISSO IMPLICAR QUE OS CIDADÃOS NÃO SÃO LIVRES PARA FAZER O QUE QUISEREM, EM INTERESSE PRÓPRIO, TAIS LEIS PROTEGEM SUA PROPRIEDADE, SUA SEGURANÇA E SAÚDE, ALÉM DE SEUS DIREITOS BÁSICOS. PARA SEREM ACEITAS, NO ENTANTO, ELAS DEVEM SER CONSIDERADAS JUSTAS.

Filosofia moral e política

pessoas a equalizar sua felicidade individual ao bem comum e agir de acordo com o princípio "fazer ao outro aquilo que gostaria que fizessem com você". Ele acreditava que todos deveriam ter a liberdade para buscar sua própria felicidade, mas a sociedade deveria impor uma restrição, o "princípio do incômodo": as pessoas deveriam ser livres para fazer o que quisessem, desde que não incomodassem os outros nem restringissem sua liberdade. A única parte da conduta de uma pessoa que diz respeito ao Estado é quando isso afeta a sociedade, e o governo e as leis deveriam apenas interferir na liberdade de cada um para a proteção da sociedade.

ASSUMA O CONTROLE DO SEU DESTINO

A liberdade, segundo Isaiah Berlin, não é apenas a liberdade da interferência externa, das "correntes" impostas sobre nós. Tal liberdade *de* alguma coisa é o que ele chama de "liberdade negativa", mas também existe a "liberdade positiva", que vem de dentro. Essa é a liberdade que sentimos quando vencemos coisas dentro de nós que nos restringem e somos livres para fazer nossas próprias escolhas na vida.

Justiça ou direito?

Achar uma definição para "justiça" ainda é uma questão em aberto. Os filósofos americanos John Rawls e Robert Nozick ofereceram duas interpretações diferentes. Para Rawls, a justiça é uma questão de equidade – uma igual distribuição de direitos, recursos e posição na sociedade. Ele nos pede que imaginemos uma sociedade ideal e como tudo seria distribuído, mas sem saber qual posição teríamos nela. O "véu da ignorância" (não saber nossa posição) nos impede de ser influenciados por nosso próprio interesse, para que criemos uma sociedade justa para todos. Para Nozick, por outro lado, justiça é uma questão de direito: existe justiça quando as pessoas têm direito ao que possuem. A propriedade deve ser transferida de forma justa, e o governo apenas deve ser envolvido para lidar com casos em que ela é adquirida por pessoas que não têm direito a ela, sem o consentimento de seu proprietário – quando, por exemplo, algo é roubado.

SOMOS LIVRES DENTRO DOS LIMITES DA LEI.

← A bolha da sociedade
De acordo com John Stuart Mill, a justiça estabelece os limites da nossa liberdade – desde que não incomodemos os outros nem os impeçamos de buscar sua felicidade, deveríamos ser livres para fazer o que escolhêssemos.

Veja também: 126-127, 132-133

O que é certo ou errado?

Não temos dir

UMA DAS MARCAS DE UMA SOCIEDADE CIVILIZADA É A FORMA COMO ELA RESPEITA OS DIREITOS DE SEUS CIDADÃOS. NO FINAL DO SÉCULO XVIII, UMA ERA DE REVOLUÇÕES, OS FILÓSOFOS DEFINIRAM O QUE CONSIDERAVAM OS DIREITOS HUMANOS BÁSICOS QUE AS LEIS DA SOCIEDADE DEVERIAM PROTEGER. MAS SÓ BEM MAIS TARDE SE RECONHECEU QUE ISSO DEVERIA SER APLICADO A TODOS DE MANEIRA IGUAL.

SOMOS TODOS IGUAIS, MAS ALGUNS SÃO MAIS IGUAIS QUE OUTROS.

Os direitos do homem

Os movimentos revolucionários nos Estados Unidos e na França buscavam derrubar os que eram vistos como governantes injustos e opressivos. Livres deles, os cidadãos seriam capazes de organizar sua nova sociedade a partir do zero, inspirados por filósofos como John Locke e Jean-Jacques Rousseau. No cerne de como eles vislumbravam a maneira como a sociedade deveria ser governada estava o reconhecimento de certos direitos fundamentais. Ecoando Locke, a Declaração de Independência dos Estados Unidos declarava de forma contundente: "Consideramos essas verdades como sendo auto-evidentes, que todos os homens são criados iguais, que eles são dotados pelo Criador com certos direitos inalienáveis, que entre esses (direitos) estão a Vida, a Liberdade e a busca da Felicidade". E na França o princípio que todos os homens são iguais por natureza e diante da lei, e têm direito à liberdade, segurança e propriedade, ficou claro na *Declaração dos Direitos do Homem e do Cidadão*. Tais direitos eram considerados a exigência mínima para uma sociedade civilizada.

◐ Não é justo

Apesar de os homens terem ganhado direitos iguais à liberdade, segurança e propriedade no século XVIII, para as mulheres e algumas minorias étnicas isso era inalcançável. Mesmo hoje, ainda existe desigualdade.

Filosofia moral e política

eitos IGUAIS

Os direitos da mulher

As duas declarações estabeleceram um arcabouço de direitos a serem reverenciados na constituição da sociedade, e, em ambas, a igualdade era vista como o primeiro direito natural. Mas, apesar de serem vistas como o fundamento da legislação dos direitos humanos, o princípio da igualdade não avançou tanto na prática. Os homens obtiveram direitos iguais, mas as mulheres foram efetivamente excluídas das declarações. Olympe de Gouges respondeu à francesa com a sua *Declaração dos Direitos da Mulher e da Cidadã*, o primeiro tiro numa batalha pelos direitos das mulheres. Enquanto isso, o livro de Mary Wollstonecraft *A vindication of the rights of woman* inspirou um movimento exigindo direitos para as mulheres, especialmente quanto à educação e à participação no processo político. Esse movimento cresceu durante o século XIX, tendo, por fim, resultado no movimento feminista liderado por Simone de Beauvoir.

> A filósofa e escritora inglesa Mary Wollstonecraft era mãe de Mary Shelley, que escreveu *Frankenstein*.

Direitos civis

As mulheres não foram as únicas a ser excluídas. Mesmo depois da abolição da escravidão, os negros não eram considerados cidadãos em muitos países. O legado de velhos impérios também impedia a igualdade nas colônias, especialmente na África, e filósofos como W. E. B. Du Bois e Frantz Fanon se destacaram com uma filosofia política especificamente afro-caribenha, inspirando um movimento de direitos civis que fez muito para melhorar a igualdade nos Estados Unidos e em outros lugares. Foram publicadas declarações universais dos direitos humanos, e a condenação generalizada a regimes repressivos como o apartheid na África do Sul levou a uma mudança. Entretanto, muitos Estados ainda negam pelo menos a alguns de seus cidadãos direitos iguais perante a lei. Mesmo nas democracias ocidentais, apesar de os direitos humanos serem reconhecidos em princípio, na realidade as pessoas são tratadas de forma desigual.

> **PARA O HOMEM NEGRO SÓ EXISTE UM DESTINO. E ESSE É BRANCO.**
> FRANTZ FANON

> **SE A MULHER TEM O DIREITO DE SER GUILHOTINADA, ELA TAMBÉM DEVE TER O DIREITO DE SUBIR À TRIBUNA.**
> OLYMPE DE GOUGES

DESOBEDIÊNCIA CIVIL

A luta por igualdade geralmente tem levado à violência, mas os movimentos dos direitos também tiveram sucesso usando meios pacíficos. Muitas campanhas efetivas, como a de Gandhi contra o domínio inglês na Índia, foram baseadas na ideia do filósofo do século XIX Henry Thoreau de desobediência civil. Thoreau sentia que não é apenas nosso direito, mas também nosso dever, resistir a leis que vão contra nossa consciência por meio do protesto pacífico e da não cooperação.

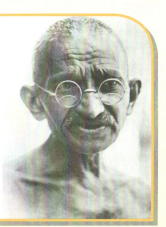

Veja também: 132-133, 134-135

O que é certo ou errado?

SIMONE DE BEAUVOIR
1908–1986

Simone-Lucie-Ernestine-Marie-Bertrand de Beauvoir nasceu em Paris em 1908. Um talento precoce e com vontade de se tornar escritora desde jovem, foi aceita na famosa École Normale Supérieure. Lá, juntou-se a um grupo influente de filósofos franceses, mas abriria seu próprio caminho, tornando-se uma enorme influência filosófica no feminismo.

SIMONE E JEAN-PAUL

Enquanto estudava filosofia em Paris, Beauvoir conheceu Jean-Paul Sartre. Ele ficou em primeiro lugar, e ela em segundo, no duríssimo exame final, e Beauvoir foi a mais jovem a passar naquela época. Apesar de rejeitar seu pedido de casamento em 1929, Beauvoir teve um relacionamento com Sartre que durou toda a sua vida. Eles revisavam os trabalhos um do outro e editavam juntos o *Les Temps Modernes*, um jornal literário.

Beauvoir começou a trabalhar em *O segundo sexo* em 1946, só um ano depois de as mulheres francesas terem tido a primeira oportunidade de votar nas eleições.

"NÃO SE NASCE MULHER. TORNA-SE MULHER"

Publicado pela primeira vez em 1949, *O segundo sexo* foi um explosivo estudo de 800 páginas sobre a opressão das mulheres durante a história. No livro, Beauvoir mapeou a forma como os homens escreveram quase todos os relatos da natureza humana e definiram a masculinidade como padrão, enquanto as mulheres eram definidas apenas quando se igualavam a esse padrão ou se diferenciavam dele.

Filosofia moral e política

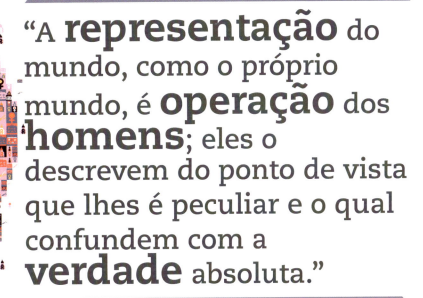

"A **representação** do mundo, como o próprio mundo, é **operação** dos **homens**; eles o descrevem do ponto de vista que lhes é peculiar e o qual confundem com a **verdade** absoluta."

ESTEREOTIPANDO AS MULHERES

Beauvoir defendia que as tentativas das mulheres de alcançar um status separado, mas igual, foram prejudicadas pelos estereótipos negativos na sociedade, tais como a comparação de um louva-a-deus com uma mulher poderosa. *O segundo sexo* foi muito criticado e colocado na lista dos livros proibidos pela Igreja Católica Romana, mas fez muito sucesso e vendeu 20 mil cópias na primeira semana.

ROMANCISTA, ATIVISTA

Depois de lecionar em escolas de 1930 a 1943, Beauvoir escreveu bastante. Sua produção incluía guias de viagem, depois de ter visitado China, Cuba e Estados Unidos, e romances como os premiados *Os mandarins* e *A velhice*, em que criticava a sociedade por seu tratamento aos idosos. Ela também participou de campanhas pela legalização do aborto e pela independência da Argélia do domínio da França.

O que é certo ou errado?

A SOCIEDADE TERRENA É UM REFLEXO...

O que DEUS tem

AS SOCIEDADES CIVIS CRIAM LEIS QUE REFLETEM A FILOSOFIA MORAL DE SUA CULTURA. ELAS SERVEM PARA GARANTIR O BEM-ESTAR DA SOCIEDADE COMO UM TODO E PROTEGER OS DIREITOS DOS INDIVÍDUOS. MUITAS RELIGIÕES, NO ENTANTO, ACREDITAM QUE A MORAL É DITADA POR LEIS DADAS POR DEUS E QUE NOSSAS LEIS DEVERIAM SER DERIVADAS DESSES MANDAMENTOS.

Leis e mandamentos

A filosofia moral e política teve sua origem na Grécia antiga, onde era vista como muito distante da religião, e os deuses tinham pouco a fazer na determinação das regras ou leis morais que governavam a sociedade. Mas, com o advento do cristianismo, a religião uma vez mais teve enorme impacto nas leis da sociedade na Europa, e o Islã teve uma influência parecida na sociedade do Oriente Médio. Essas religiões ensinavam que a moralidade não é julgada pela razão, mas ditada pelos mandamentos, os quais são as leis invioláveis de Deus. Enquanto o Islã dava instruções mais explícitas sobre a estrutura da sociedade, os filósofos cristãos enfrentavam o problema de enquadrar as leis morais de Deus nas leis criadas pelos humanos para garantir os benefícios da sociedade civil. Isso tornou-se especialmente importante conforme a Igreja se tornava dona do poder político durante a era medieval e acreditava-se que monarcas e papas tinham o direito divino de governar.

A cidade de Deus

Entre os primeiros filósofos cristãos estava Agostinho de Hipona, que havia estudado a filosofia grega antes de se converter ao cristianismo. Ele usou a ideia de Platão que dizia que o mundo em que vivemos, o mundo das aparências, é meramente o reflexo de um mundo ideal (o Mundo das Formas), e defendia que a sociedade terrena é reflexo do reino de Deus. Nossos Estados e cidades são imperfeitos e governados por leis imperfeitas

> O cristianismo é a maior religião do mundo, seguida do islamismo e do hinduísmo.

> A RAZÃO NO HOMEM É COMO DEUS NO MUNDO.
> **TOMÁS DE AQUINO**

Filosofia moral e política

... DO REINO DE DEUS?

a ver com isso?

criadas por homens, mas têm como modelo uma "cidade de Deus" ideal. Deus nos deu o poder da razão para alcançar o conhecimento das leis da cidade de Deus e a liberdade de modelar nossas próprias leis à sua semelhança. Tomás de Aquino mais tarde sugeriu que as leis eternas de Deus incluíam o que ele chamava de Lei Natural, baseada em moral, virtude e valores inerentes aos humanos. Isso formou a base para as leis da sociedade terrena, mas é incompleta, sendo apenas uma parte da lei de Deus.

"Deus está morto"

Depois da Idade Média, a Igreja perdeu muito do seu controle político. Governantes cujo poder havia sido dado por um direito divino foram derrubados, e Estados independentes da Igreja foram criados. No processo, a autoridade das leis dadas por Deus foi questionada, dando lugar a sistemas de governo baseados nas práticas e na moral humana. A filosofia política mais uma vez separou-se bastante da religião, e no século XIX muitos filósofos se opuseram abertamente à religião. Karl Marx a via como o "ópio do povo" – um meio de controle e opressão para evitar o progresso político –, e, no fim do século, Friedrich Nietzsche apontou a irrelevância da filosofia moral judaico-cristã para o mundo moderno ao declarar que "Deus está morto". Mas ainda hoje existem sociedades cujas leis derivam de leis religiosas (teocracias), e mesmo democracias seculares modernas estão baseadas em princípios herdados de seu passado religioso.

> **A RELIGIÃO É O SUSPIRO DA CRIATURA OPRIMIDA, O ÂNIMO DE UM MUNDO SEM CORAÇÃO E A ALMA DE SITUAÇÕES SEM ALMA.**
> **KARL MARX**

Veja também: 20–21, 112–113

UMA GUERRA JUSTA?
O cristianismo e o islamismo são religiões que amam a paz, e matar e lutar são proibidos por suas escrituras. Ainda assim, ambas as fés reconhecem a necessidade de defender sua religião e a existência de algo como uma guerra justa. Filósofos cristãos e islâmicos chegaram a conclusões parecidas sobre as exigências para que uma guerra seja justa: intenção correta, uma causa justa, autoridade adequada e ser usada apenas em última instância.

Estamos brincando de **DEUS**?

AVANÇOS NAS CIÊNCIAS AUMENTARAM NOSSO CONHECIMENTO DO MUNDO, TRAZENDO NOVOS BENEFÍCIOS. HOJE, MAIS DO QUE NUNCA, SOMOS CAPAZES DE CONTROLAR O MUNDO NATURAL A NOSSO FAVOR. MAS MUITAS DESSAS VANTAGENS TÊM SEU CUSTO, E DEVERÍAMOS CONSIDERAR AS IMPLICAÇÕES MORAIS DESSE PROGRESSO CIENTÍFICO.

A moralidade da ciência

Questões sobre o que é moralmente certo ou errado estão conectadas com a política e a lei, mas a filosofia moral tem uma relevância menos óbvia para a ciência. Pode-se defender que a pesquisa e as descobertas científicas não são nem morais nem imorais, sendo o uso que fazemos delas o que determina se são moralmente boas ou ruins. A física moderna, por exemplo, explica coisas como a relação entre a energia e a matéria, porém seu conhecimento nos permitiu fazer usinas nucleares e armas atômicas. No entanto, até mesmo a pesquisa científica pura envolve algumas decisões éticas, como se é ou não moralmente defensável o gasto de enormes somas de dinheiro na exploração espacial quando uma grande parte da população mundial vive em extrema pobreza. Às vezes, quando cientistas e engenheiros encontram uso para suas descobertas, capazes de nos dar um controle maior sobre o nosso mundo – por exemplo, o cultivo de culturas geneticamente modificadas para combater a escassez de alimentos –, elas são com frequência vistas como "antinaturais" e uma manipulação dos fenômenos naturais conhecida como "brincar de Deus".

O médico árabe Al-Ruwahi escreveu, no século XI, o livro mais velho ainda disponível sobre ética médica.

Decisões de vida ou morte

Apesar de a ideia de brincar de Deus ser derivada da moral ditada por muitas religiões, até mesmo algumas pessoas não religiosas sentem que há coisas com as quais não deveríamos nos envolver. Na medicina, por exemplo, temos que tomar, com frequência, decisões de vida ou morte que levantam dilemas éticos. A eutanásia, ou "morte misericordiosa", entra em conflito tanto

SERÁ QUE É MORALMENTE CERTO INTERFERIR NA NATUREZA?

Filosofia moral e política

O MUNDO NÃO PERTENCE AOS HUMANOS.
ARNE NAESS

MANDAMENTOS
A ideia de que um mandamento dado por Deus determina a moral humana está profundamente enraizada na cultura ocidental e está implícita quando falamos de decisões de vida ou morte como "brincar de Deus". Mas seria moralmente bom um mandamento de Deus porque ele é moralmente bom, ou ele é moralmente bom porque é um mandamento de Deus?

com os mandamentos religiosos quanto com a lei, mas em alguns casos talvez seja justificável dar fim ao sofrimento de uma pessoa. Os oponentes, usando o argumento de "brincar de Deus", dizem que é sempre errado para uma pessoa tirar a vida de outra – mas surge a questão sobre se é ou não moralmente correto deixar uma pessoa morrer com dor em vez de pôr fim à sua vida antes disso. Esse tipo de dilema médico está se tornando cada vez mais comum conforme a ciência médica nos dá meios de prolongar nossa vida – por exemplo, com máquinas capazes de nos manter vivos. Médicos e familiares quase sempre têm que decidir se os aparelhos que mantêm um paciente vivo devem ou não ser desligados. Também é discutível se o uso de uma máquina para nos manter vivos, quando de outra forma poderíamos estar mortos, não seria também "brincar de Deus".

Moldando o nosso meio
Outras ciências também levantam problemas éticos. Enquanto a medicina hoje nos permite prolongar a vida ou terminá-la sem dor, a engenharia genética nos dá o poder de modificar ou até mesmo criar vida. Os benefícios em termos uma fonte confiável de alimentos ou o desenvolvimento de meios de combater doenças – por exemplo, através de experiências com animais – dão algumas justificativas morais. Igualmente, a tecnologia criou um ambiente seguro e confortável para nós, porém um número crescente de cientistas e filósofos defende que algumas de nossas ações são erradas, não por quebrarem alguma lei moral, mas pelas consequências ambientais não esperadas. Apesar de nossa intenção – melhorar a vida das pessoas – ser boa, tais avanços tecnológicos afetam nosso ambiente e, no longo prazo, podem ser destrutivos. O filósofo ambientalista norueguês Arne Naess estava entre os primeiros a sugerir que deveríamos viver como iguais no mundo natural e "pensar como uma montanha" – considerando não apenas os benefícios ou malefícios às pessoas, ou até mesmo aos animais, mas o interesse de longo prazo para o ambiente como um todo.

> O primeiro mamífero a ser clonado, a ovelha Dolly, nasceu no Reino Unido em 1996.

⬅ Explorando o DNA
A ciência transformou a maneira como vivemos: podemos projetar bebês em tubos de ensaio, clonar animais e curar doenças. Mas a partir de qual ponto fazer tudo isso se torna antiético? Explorar coisas tão imprevisíveis como organismos vivos poderia introduzir mudanças desastrosas e irreversíveis no meio natural.

O que é a ARTE?

OS FILÓSOFOS SE APROXIMARAM DO ASSUNTO DO QUE É CONSIDERADO BONITO OU ARTÍSTICO, A ESTÉTICA, DE MANEIRA PARECIDA COMO FIZERAM COM A MORAL. ALGUNS TENTARAM IDENTIFICAR AS PROPRIEDADES DA BELEZA E DA ARTE, ASSIM COMO FIZERAM COM A VIRTUDE, ENQUANTO OUTROS SUGERIRAM QUE SUA APRECIAÇÃO DEPENDIA DA CULTURA OU ERA APENAS UMA QUESTÃO DE GOSTO.

> **A BELEZA DE ESTILO, A GRAÇA, A HARMONIA E O RITMO ADEQUADO DEPENDEM DA SIMPLICIDADE.**
> PLATÃO

O que faz alguma coisa bonita?

Uma das perguntas aparentemente simples feitas por Sócrates foi "O que é a beleza?". Ele não buscava apenas uma definição da palavra, mas tentava ver se existe alguma propriedade específica que torna as coisas bonitas – algo inerente em todas as coisas consideradas bonitas. Seu pupilo Platão defendia que existe algo como a beleza ideal, que existe num mundo ideal de formas perfeitas (separado do mundo em que vivemos), e medimos aquilo que consideramos bonito em relação a tal ideal. Aristóteles, no entanto, acreditava que desenvolvemos nossas ideias do que constitui a beleza a partir de nossa experiência de todas as coisas que achamos bonitas. As pessoas têm ideias muito diferentes do que é bonito, de modo que, talvez, a beleza não seja uma qualidade inerente às coisas. Em vez disso, ela "está nos olhos de quem vê" – uma questão de gosto ou opinião. Filósofos relativistas sugerem que ideais de beleza são moldados pela cultura e tradição. Por exemplo, a maioria das pessoas considera o cenário de sua terra natal bonito, independentemente de como ele seja.

Uma obra de Vincent Van Gogh foi vendida por US$ 150 milhões em 1990. Durante sua vida ele só vendeu um quadro.

Épocas e lugares diferentes

Achamos a beleza em coisas que são feitas por humanos, como obras de arte, bem como no mundo natural. Platão tinha pouco tempo para a arte e a considerava uma mera imitação da forma ideal da beleza. Aristóteles, por outro lado, a via como reflexo da natureza e dos exemplos de beleza nela, dando-nos inspirações e prazer. Outros acreditavam que as artes são um produto da cultura e da tradição e que o que é considerado artisticamente belo ou significativo é diferente em épocas e lugares diferentes. Por exemplo, a Grécia Clássica (o tempo de Platão e Aristóteles) produziu grandes obras na poesia, teatro, música, arquitetura e arte demonstrando certas características comuns – principalmente proporção, simetria, equilíbrio e harmonia. Elas refletiam não apenas a natureza, mas uma tradição cultural que valorizava o pensamento racional, a matemática e a lógica, além da ordem social. Mas outras culturas refletem diferentes interpretações do mundo natural, produzindo estilos muito distintos de expressão artística e diferentes noções do que constitui o valor de uma obra de arte.

O QUE HÁ NUM NOME?

Se uma pintura por um artista famoso, considerada um exemplo de sua melhor obra, passar a ser considerada falsa ou de um pintor menor, seu valor monetário cai, e ela não é mais considerada grande. A pintura continua a mesma; só o "rótulo" que lhe damos mudou, mas parece que isso supera outros critérios para que a consideremos grande.

Uma avaliação objetiva?

Os artistas modernos desafiaram nossas ideias convencionais sobre o que é a arte. Às vezes o público fica intrigado com as obras de artistas de vanguarda e chega a questionar até mesmo se elas deveriam ser chamadas de "arte". Uma visão tradicional é que a arte é algo feito por alguém com a intenção de transmitir uma ideia ou emoção – mas buscar tais intenções pode afetar nossa opinião sobre ela. A escritora e filósofa Susan Sontag achava que uma obra de arte deveria ser avaliada por seus próprios méritos, ignorando as intenções do artista. Uma maneira alternativa de definir a "arte" é por meio dos valores dados a ela pelos chamados *experts* na área (ver o quadro "O que há num nome?" à esquerda). Em poucas palavras, é simplesmente uma questão de opinião ou gosto. E, sendo esse o caso, talvez não haja uma forma objetiva de avaliar uma obra de arte.

> **NÃO É PRECISO CONHECER AS INTENÇÕES DO ARTISTA. A OBRA DIZ TUDO.**
> **SUSAN SONTAG**

COMO JULGAMOS A ARTE? SERÁ QUE A BELEZA ESTÁ NOS OLHOS DE QUEM VÊ?

↑ **Você gosta do que está vendo?**
Os filósofos tentaram estabelecer se uma obra de arte é bonita por si só ou se é a nossa experiência individual daquela obra que a torna bela.

Veja também: 20-21, 124-125

O que é certo ou errado?

CRIME E CASTIGO

O que a sociedade considera moralmente certo ou errado é refletido nas suas leis, e se aplica a justiça quando tais leis são violadas. A sociedade deve decidir uma sentença apropriada e se é o caso de punir, deter ou proteger o público. Ela também deve avaliar a moralidade de sentenças como a pena de morte.

INSTITUTOS DE PESQUISA

As leis que governam as sociedades democráticas são feitas pelos políticos eleitos para representar o povo. Mas esses representantes não conseguem ser especialistas em tudo e, para fazer julgamentos esclarecidos, precisam de apoio especializado. Os institutos de pesquisa, que cumprem o papel de grupos de conselheiros políticos, examinam a ética de determinada política e sua aplicação prática.

Filosofia moral e política
NA PRÁTICA

EXPERIÊNCIAS COM ANIMAIS

Os cientistas estão o tempo todo tentando encontrar tratamentos para doenças como o câncer. Alguns pesquisadores defendem que experiências com animais são necessárias para garantir que os remédios sejam seguros e que elas são justificadas pelos benefícios que trazem aos humanos. Mas os que defendem os direitos dos animais argumentam que isso é moralmente errado e que existem alternativas.

DISTRIBUIÇÃO DA RIQUEZA

A política econômica de um governo deveria garantir a prosperidade do Estado. Por meio de tributos e de programas de bem-estar social, o governo também decide como os recursos do país devem ser compartilhados – as contribuições e direitos de seus cidadãos. Com frequência, ele tem que buscar um equilíbrio entre criar riqueza e garantir a sua distribuição justa.

Filosofia moral e política

Os diretores de uma companhia com frequência têm que tomar decisões difíceis. Sua principal preocupação é garantir que o negócio seja bem-sucedido e dê retorno para a companhia e seus acionistas. Mas eles também têm que pensar nos clientes, ao oferecer bons produtos ou serviços a um preço justo, e os direitos de seus trabalhadores, com um salário justo e boas condições de trabalho.

EQUILIBRANDO OS NEGÓCIOS

DIREITOS HUMANOS

Em muitos países, os direitos dos cidadãos estão escritos na constituição, mas a Declaração Universal dos Direitos Humanos foi adotada pelas Nações Unidas em 1948. Desde então ela foi assinada pela maioria dos países e se tornou uma lei internacional efetiva, apesar de estar sendo constantemente ampliada, para que novos direitos sejam reconhecidos.

Talvez seja mais fácil ver a relevância da filosofia moral e política no mundo cotidiano do que a de qualquer outro ramo da filosofia. Decisões envolvendo o certo e o errado têm que ser tomadas em qualquer área da vida, desde veredictos nos tribunais até nossas escolhas de estilo de vida pessoal.

A GUERRA AO TERROR

Os governos ao redor do mundo têm respondido às ações terroristas aumentando as medidas de segurança. Em aeroportos e lugares públicos existem maiores restrições e monitoramento. Mas, com as câmeras de segurança em todos os lugares e o monitoramento da nossa atividade na internet, muitas pessoas se perguntam se essa perda de privacidade é proporcional à ameaça.

A maioria dos países está representada em organizações como as Nações Unidas, que discutem as relações globais, tentam resolver conflitos e decidem assuntos que dizem respeito a crimes de guerra. As forças de manutenção da paz podem ser usadas, porém muitas vezes se debate se é certo interferir nos assuntos internos de um país.

MANUTENÇÃO DA PAZ

Diretório de filósofos

ANAXIMANDRO (c. 610–c. 546 a.C.)
Anaximandro veio de Mileto, um movimentado porto na Grécia Antiga. Suas teorias foram influenciadas pela tradição mítica grega e por Tales. Interessado em astronomia, geografia e biologia, foi o primeiro grego antigo a desenhar um mapa do mundo conhecido, além disso, desenvolveu a teoria de que as pessoas evoluíram dos peixes.

ANAXÍMENES (c. 585–c. 528 a.C.)
Assim como Tales e seu mestre Anaximandro, Anaxímenes era de Mileto, atual Turquia. É mais conhecido por sua ideia de que tudo é, originalmente, feito de ar. Conforme o ar foi ficando mais denso, tornou-se vento, depois nuvem, depois água, depois barro, depois pedras.

Santo ANSELMO (1033–1109)
Santo Anselmo nasceu em Aosta, nos Alpes italianos. Quando tinha 27 anos, entrou na abadia beneditina em Bec, na Normandia, França. Tornou-se abade em 1078 e, de 1093 a 1109, assumiu o cargo de arcebispo da Cantuária na Inglaterra. Anselmo é famoso por seu argumento ontológico sobre a existência de Deus.

Hannah ARENDT (1906–1975) *Ver* **130–131**

ARISTÓTELES (384–322 a.C.) *Ver* **96–97**

A. J. AYER (1910–1989)
O livro do filósofo britânico Alfred Jules *Language, truth, and logic* (1936) introduz o positivismo lógico – a ideia de que uma alegação só é significativa se puder ser mostrada, através da experiência, como verdadeira ou falsa. As regras morais, disse, não têm sentido e simplesmente expressam emoções.

Francis BACON (1561–1626)
Francis Bacon nasceu em Londres e estudou na Universidade de Cambridge e na Gray's Inn. Ele é famoso por sua filosofia da ciência e tem sido chamado de criador do empirismo. Em 1618, tornou-se Lord Chancellor e, em 1621, foi feito Visconde de St. Albans, antes de ser preso, por um curto período, depois de ter aceitado propinas.

Albert CAMUS (1913–1960)
Nascido na Argélia francesa, Albert Camus estudou na Universidade da Argélia e foi influenciado pela obra de Søren Kierkegaard e Friedrich Nietzsche. Mais tarde, mudou-se para a França, onde trabalhou como jornalista político, além de ter escrito obras de ficção, ensaios e peças. Sua filosofia tinha um viés claramente melancólico – ele acreditava que não existe um propósito para nossa existência e que deveríamos aceitar que a vida é fútil. Em 1957 ganhou o Prêmio Nobel de Literatura e morreu num acidente de carro três anos depois.

Arne NÆSS (1912–2009)
Nascido em Oslo, Noruega, Arne Næss terminou seu doutorado em filosofia na universidade da cidade. Mais tarde, tornou-se uma figura importante no movimento ambientalista, desenvolvendo a noção de "ecologia profunda": a ideia de que todas as questões da natureza são importantes e merecem igual consideração – não apenas a parte que afeta os humanos.

AVICENA (Ibn Sīnā) (c. 980–1037)
Avicena nasceu perto de Bukhara, hoje Uzbequistão. Importante filósofo islâmico na Idade Média, questionou se nossa mente (ou alma) é separada de nosso corpo bem antes de René Descartes. Ele também contribuiu muito com a ciência – especialmente a medicina.

Simone de BEAUVOIR (1908–1986) *Ver* **138–139**

Jeremy BENTHAM (1748–1832)
Um dos fundadores do utilitarismo moderno, o filósofo inglês Jeremy Bentham é mais conhecido por sua teoria que defende a maior felicidade do maior número de pessoas. Criança prodígio, foi estudar direito em Oxford com apenas 12 anos. Foi um reformador social que lutou pela descriminalização da homossexualidade, acreditando na igualdade dos sexos e defendendo os direitos dos animais.

Henri BERGSON (1859–1941)
Nascido na França, Henri Bergson era filho de mãe inglesa e pai polonês, ambos descendentes de judeus. Estudou em Paris, e, apesar de ter se destacado em matemática e ciência, assim como nas artes, optou pela carreira em filosofia. É mais conhecido por sua obra sobre o conceito do tempo sendo experimentado no presente – "duração", ou tempo vivido. Ganhou o Nobel de Literatura em 1927.

George BERKELEY (1685–1753)
O bispo anglicano e empírico George Berkeley estudou na Trinity College, em Dublin, Irlanda. Lá, influenciado pelas obras de John Locke e René Descartes, escreveu todas as suas obras filosóficas mais conhecidas. Berkeley levou o empirismo ao extremo, argumentando que não existe nada no mundo material – as únicas coisas de cuja existência podemos ter certeza são as ideias e a mente que as percebe.

Isaiah BERLIN (1909–1997)
Isaiah Berlin nasceu numa família judia em Riga, no Império Russo (hoje Letônia). Passou a primeira parte de sua vida na Rússia, mas, devido ao crescente antissemitismo, sua família rapidamente emigrou para o Reino Unido. Berlin ficou famoso por sua filosofia política, na qual argumentava que somos livres para fazer nossas próprias escolhas e que o melhor tipo de liberdade é o que vem de dentro. Foi nomeado cavaleiro em 1957.

CONFÚCIO (Kong Fuzi) (551–479 a.C.)
Confúcio foi um pensador e educador aristocrático chinês, famoso por suas observações da sociedade. Aos 15 anos decidiu dedicar sua vida ao aprendizado e acabou por desenvolver uma filosofia social e política

Diretório

que é, com frequência, considerada o fundamento do posterior pensamento chinês.

W. E. B. DU BOIS (1868–1963)

William Edward Burghardt Du Bois foi o primeiro afro-americano a conseguir um PhD em Harvard. Além de ser professor de história, sociologia e economia na Universidade de Atlanta e ter escrito bastante, foi uma figura-chave no movimento de direitos civis, lutando por igualdade para os negros num mundo governado por brancos.

DEMÓCRITO (c. 460–c. 371 a.C.)

Filósofo da Grécia Antiga, Demócrito nasceu na Trácia e, com seu mestre Leucipo, criou a ideia do atomismo de que tudo é feito de minúsculas e imutáveis partículas. Apesar de ser um homem simples que vivia para seu trabalho, adquiriu fama por sua habilidade em prever mudanças no clima. Ficou conhecido como o "filósofo risonho", por sua tendência a rir da tolice humana

René DESCARTES (1596–1650) *Ver 72–73*

John DEWEY (1859–1952)

John Dewey foi uma figura central no pragmatismo americano. Grande intelectual, estudou na Universidade de Vermont antes de lecionar em várias e importantes universidades. Escreveu bastante sobre vários tópicos e fundou o University of Chicago Laboratory Schools, onde pôs em prática sua filosofia de aprender fazendo.

EMPÉDOCLES (c. 490–c. 430 a.C.)

A filosofia do pensador grego Empédocles estava arraigada na crença de que existem quatro "elementos": terra, ar, fogo e água. Todas as coisas são criadas a partir desses elementos, incluindo os humanos. Seguidor das ideias de Pitágoras, apoiava a doutrina da reencarnação e seguia uma dieta vegetariana.

EPICURO (341–270 a.C.)

Epicuro foi um filósofo da Grécia antiga. Ele acreditava que já que na morte não experimentamos nem prazer nem dor, é nosso dever maximizar nossa felicidade antes de morrermos. Sua escola, que ficava no jardim de sua casa, tinha poucos mas fiéis seguidores e foi a primeira das escolas filosóficas da Grécia Antiga a admitir mulheres como regra, e não exceção.

Bento de ESPINOZA (1632–1677)

Nascido em Amsterdã de pais judeus, a crítica de Espinoza da religião organizada o levou a ser rejeitado pela comunidade judaica aos 23 anos. Um racionalista, foi influenciado por René Descartes, e muitas de suas ideias foram tão radicais que só puderam ser publicadas depois de sua morte. Viveu uma vida frugal e morreu jovem de tuberculose, provavelmente contraída pela poeira que inalava enquanto ganhava a vida como ótico.

Frantz FANON (1925–1961)

Nascido na Martinica, Frantz Fanon estudou medicina e psiquiatria na França. Na filosofia, foi influente no campo de estudos pós-coloniais e escreveu sobre violência, corrupção e controle social. Morreu aos 36 anos. Seu último livro, *Os condenados da Terra*, foi publicado postumamente com prefácio de Jean-Paul Sartre.

Ludwig FEUERBACH (1804–1872)

Ludwig Feuerbach foi um filósofo e antropólogo alemão. Abandonou a teologia para estudar com Georg Hegel na Universidade de Berlim e posteriormente rejeitou as visões de Hegel. Feuerbach era um materialista, e muitas de suas obras fazem uma análise crítica da religião. Negou, com certa fama, qualquer existência de Deus, exceto como um objeto idealizado da consciência humana.

Paul FEYERABEND (1924–1994)

O filósofo da ciência Paul Feyerabend nasceu em Viena, Áustria. Depois do ensino médio, entrou no exército e recebeu a Cruz de Ferro durante a II Guerra Mundial. Após a guerra, escreveu um pouco para o teatro, mas ao voltar a Viena para estudar foi influenciado por Karl Popper. Feyerabend é conhecido por sua visão de que não há o dito "método científico", porque os métodos usados na ciência mudam o tempo todo.

Gottlob FREGE (1848–1925)

Nascido na Alemanha, Gottlob Frege foi um matemático que transformou a disciplina da lógica filosófica, que havia mudado pouco desde o tempo de Aristóteles. Apesar de ter estudado física e química e ter contribuído para a filosofia da linguagem, Frege passou toda a sua vida profissional ensinando matemática e lógica na Universidade de Jena.

Siddhartha GAUTAMA (o Buda) (c. 563–c. 483 a.C.)

Siddhartha Gautama nasceu numa família real na região onde hoje é o Nepal. Quando saiu de seu palácio pela primeira vez, ficou chocado com o sofrimento humano que viu, então buscou formas de remediá-lo. Através da meditação finalmente alcançou a iluminação –, tornando-se o "Buda". O budismo é baseado em seus ensinamentos.

Edmund GETTIER (1927–)

Edmund Gettier é professor e epistemólogo americano. Lecionou na Wayne State University, em Michigan, por dez anos antes de se mudar para a Universidade de Massachusetts, onde continua até hoje. Gettier ficou famoso por seu artigo de três páginas publicado em 1963, intitulado "Is Justified Belief True Knowledge?".

Olympe de GOUGES (1748–1793)

Olympe de Gouges nasceu Marie Gouzes no sul da França, mas se reinventou quando mudou para a Paris pré-revolucionária em busca da fama como escritora. Autodidata, escreveu peças, romances e panfletos e lutou apaixonadamente pelos direitos das mulheres e contra a escravidão. Sua fala ousada acabou por levá-la a ser presa, condenada e executada na guilhotina.

Agostinho de HIPONA (354–430)

Agostinho cresceu como cristão onde hoje é a Argélia, mas seus estudos filosóficos em Cartago o deixaram insatisfeito com sua religião. Converteu-se, mais tarde, de volta ao cristianismo e desenvolveu sua filosofia (baseada no Mundo das Formas de Platão), que afirma que a sociedade terrena é um reflexo imperfeito do reino de Deus. Depois de passar um tempo na Itália, voltou ao norte da África para tornar-se bispo de Hipona.

Diretório

Georg HEGEL (1770–1831)

Georg Hegel nasceu em Stuttgart, Alemanha, e estudou teologia em Tübingen. Voltando-se à filosofia, lecionou na Universidade de Jena. Sua filosofia inclui toda a história, o pensamento e a realidade em um único sistema. Foi eleito para a cátedra de filosofia em Heidelberg e, mais tarde, em Berlim, mas morreu no auge de sua fama.

Martin HEIDEGGER (1889–1976)

Grande palestrante, o filósofo alemão Martin Heidegger foi eleito reitor da Universidade de Freiburg nos anos 1930. Filiou-se ao Partido Nazista, o que fez com que fosse proibido de lecionar depois da guerra. Em sua obra mais famosa, *Ser e tempo*, escreveu que não apenas experimentamos o tempo – nosso ser é tempo.

HERÁCLITO (c. 536–c. 470 a.C.)

Heráclito nasceu na cidade de Éfeso, na Grécia antiga. Acreditava que o universo muda o tempo todo, e suas ideias influenciaram a obra de Platão. Sujeito irritadiço, foi viver nas montanhas para fugir da corrupção da sociedade. Quando teve um edema, tentou se curar enterrando-se até o pescoço em esterco de vaca. Não funcionou –, e acabou morrendo de insolação.

Thomas HOBBES (1588–1679) *Ver* 80–81

David HUME (1711–1776) *Ver* 22–23

Edmund HUSSERL (1859–1938)

Nascido na Morávia, hoje República Tcheca, Edmund Husserl estudou astronomia e matemática antes de escolher filosofia. Acabou tornando-se professor em Freiburg, Alemanha, mas foi suspenso das aulas em 1933 sob o regime nazista por causa de sua ascendência judaica. Husserl foi o fundador da fenomenologia – o estudo da experiência.

HIPÁTIA (c. 355–415)

Nascida em Alexandria, a filósofa egípcia Hipátia foi a principal astrônoma e matemática de seu tempo. Sua filosofia se baseava em sua crença num ser divino, "o Único" – a fonte última e definitiva de toda a realidade. Denunciada por cristãos e judeus como pagã, Hipátia foi brutalmente assassinada por zelotes cristãos.

William JAMES (1842–1910)

William James nasceu numa família rica e influente de Nova York. Seu pai era filósofo, e seu irmão, Henry, um famoso romancista. Foi qualificado como bacharel em medicina em Harvard (apesar de nunca ter praticado) e lecionou medicina, psicologia e filosofia. Um pragmático, James argumentava que devemos aceitar as crenças desde que sejam úteis. Também estudou a consciência, descrevendo-a como um processo de mudança constante.

Immanuel KANT (1724–1804) *Ver* 30–31

Søren KIERKEGAARD (1813–1855)

Søren Kierkegaard nasceu numa família rica na Dinamarca, e sua grande herança lhe permitiu dedicar-se à filosofia. Sua disposição melancólica está refletida em suas crenças filosóficas – de que somos livres para moldar nossa própria vida, mas tal liberdade não nos trará necessariamente a felicidade. Com base nisso, escolheu não se casar com sua noiva e morreu como um recluso.

Thomas KUHN (1922–1996)

O filósofo americano Thomas Kuhn é PhD em física por Harvard e depois se dedicou à filosofia da ciência. É mais conhecido por argumentar que os campos científicos passam por periódicas "mudanças de paradigma" (quando importantes descobertas resultam numa completa mudança de mentalidade), em vez de simplesmente continuarem numa forma linear.

Gottfried LEIBNIZ (1646–1716)

O filósofo e matemático alemão Gottfried Wilhelm Leibniz é conhecido por sua obra em metafísica e lógica. Fez carreira como conselheiro e diplomata, entre outras coisas, e estudou filosofia, direito, geologia, física e engenharia no seu tempo livre. Independentemente de Isaac Newton, também descobriu o cálculo, mas não recebeu nenhum crédito por tal feito durante sua vida.

John LOCKE (1632–1704)

John Locke nasceu na Inglaterra, filho de um advogado. Estudou medicina na Universidade de Oxford, onde lecionou mais tarde. Foi o trabalho de René Descartes que inspirou Locke a estudar filosofia. Primeiro dos grandes filósofos empíricos britânicos, é conhecido por seus esforços para estabelecer os limites do conhecimento humano, bem como por sua obra na filosofia política.

Nicolau MAQUIAVEL (1469–1527)

Nicolau Maquiavel foi um político e diplomata italiano que passou a vida em Florença. Devotou-se aos escritos políticos e é considerado o fundador da moderna ciência política. O "maquiavelismo" é quase sempre usado negativamente para caracterizar políticos inescrupulosos do tipo que Maquiavel descreveu em *O príncipe*, sua obra mais famosa, apresentada como um manual para príncipes sobre como melhor governar segundo seus próprios interesses.

Karl MARX (1818–1883)

Karl Marx foi um economista e filósofo alemão cuja obra teve um impacto radical na história do século XX. Em 1843 conheceu seu grande colaborador, Friedrich Engels. Em 1848, publicaram seu *Manifesto comunista*. Marx acreditava que o conflito entre ricos e pobres estava no cerne dos problemas da sociedade e que a propriedade deveria pertencer às comunidades, e não aos indivíduos.

G. E. MOORE (1873–1958)

O filósofo britânico George Edward Moore estudou na Universidade de Cambridge, tendo lecionado lá, mais tarde, com Bertrand Russell e Ludwig Wittgenstein – na assim chamada "era de ouro" da filosofia de Cambridge. É conhecido por defender conceitos de senso comum e por suas contribuições à ética, à epistemologia e à metafísica.

Friedrich NIETZSCHE (1844–1900)

Friedrich Nietzsche nasceu na Alemanha, filho de um pastor luterano. Ficou famoso por desafiar o cristianismo e argumentava que somos impedidos de realizar nosso verdadeiro potencial pela religião e pelo medo

Diretório

da retribuição divina. Tornou-se professor com apenas 25 anos, mas sua vida foi atrapalhada por doenças físicas e mentais, e sua filosofia foi praticamente esquecida até o século XX.

Robert NOZICK (1938–2002)
Robert Nozick nasceu no Brooklyn, em Nova York. Terminou seu PhD em filosofia na Universidade de Princeton, onde lecionou, além de Harvard. É mais conhecido por seu livro *Anarquia, estado e utopia* (1974), uma resposta libertária (promovendo os direitos do indivíduo) ao livro de seu colega John Rawls *Uma teoria da justiça* (1971).

Guilherme de OCKHAM (c. 1287–1347)
Acredita-se que Guilherme de Ockham nasceu em Ockham, uma vila no sudeste da Inglaterra. Frei franciscano, estudou teologia na Universidade de Oxford, onde lecionou mais tarde. Seu princípio lógico de que devemos sempre escolher a explicação mais simples tornou-se mais tarde conhecido como a "navalha de Ockham".

PARMÊNIDES (c. 515–c. 450 a.C.)
O filósofo da Grécia antiga Parmênides nasceu em Eleia, hoje sul da Itália. Foi influenciado por Xenófanes e fundou a escola eleata de filosofia. Sua única obra conhecida é um poema metafísico épico intitulado "Da natureza", mas também apareceu num diálogo de Platão, que foi muito influenciado por ele.

Charles Sanders PEIRCE (1839–1914)
Charles Sanders Peirce nasceu em Cambridge, Massachusetts. Seu pai foi um brilhante matemático e astrônomo. Como cientista, Peirce acreditava que o debate filosófico deveria se concentrar em encontrar explicações satisfatórias, em vez de verdades, e fundou a escola do pragmatismo baseado nisso. Foi amigo por toda a vida de seu colega pragmático William James.

PLATÃO (c. 420–347 a.C.) *Ver* 48–49

Karl POPPER (1902–1994)
Nascido na Áustria numa família judia, Karl Popper emigrou para a Nova Zelândia em 1937, quando o Partido Nazista ameaçou a independência da Áustria. Mais tarde, tornou-se cidadão britânico. Renomado filósofo da ciência, argumentava que o progresso na ciência se dá através do teste de teorias e da eliminação daquelas que forem provadas falsas.

PROTÁGORAS (c. 490–c. 420 a.C.)
Protágoras nasceu em Abdera, Grécia Antiga, mas passou a maior parte da vida em Atenas. Considerado o maior dos sofistas, criou a ideia do relativismo (a moral varia de acordo com o contexto cultural). A lenda diz que foi mais tarde acusado de ateísmo, e, como resultado, seus livros foram queimados, sendo expulso de Atenas.

Hilary PUTNAM (1926–2016)
Hilary Putnam nasceu em Chicago, mas passou sua infância na França antes de se mudar de volta para os EUA. Depois de estudar matemática e filosofia, terminou seu doutorado em filosofia. Putnam teve uma carreira acadêmica de destaque: foi eleito Fellow da American Academy of Arts and Sciences em 1965 e presidente da American Philosophical Association em 1976. Sua obra mais conhecida é sobre a filosofia da mente.

PITÁGORAS (c. 570–c. 495 a.C.)
Pitágoras foi a primeira pessoa a usar a matemática para tentar explicar o universo, e seus teoremas são ensinados até hoje. Nascido na ilha grega de Samos, mudou-se mais tarde para o sul da Itália, onde fundou uma escola filosófica e religiosa. Seus muitos seguidores eram comprometidos com a busca do conhecimento e viviam e trabalhavam de acordo com um estrito código de regras, que incluía não poder comer feijão.

John RAWLS (1921–2002)
John Rawls nasceu em Baltimore, Maryland, EUA. Estudou na Universidade de Princeton e serviu no Exército americano durante a II Guerra Mundial antes de voltar ao seu país e terminar o doutorado em filosofia moral. Estudou, depois, na Universidade de Oxford, onde foi influenciado por Isaiah Berlin. Sua principal obra, *Uma teoria da justiça* (1971), na qual promoveu a ideia de "justiça como igualdade", foi importante para a revitalização do estudo da filosofia moral e política.

Jean-Jacques ROUSSEAU (1712–1778)
Jean-Jacques Rousseau nasceu numa família calvinista em Genebra, na Suíça. Com 16 anos fugiu de casa para a França, onde sobreviveu como tutor, músico e escritor. Mais tarde entrou no famoso grupo de intelectuais franceses que incluía Denis Diderot e Voltaire. Rousseau achava que a sociedade restringe nossas liberdades naturais e que sem a sociedade viveríamos juntos em harmonia. Suas visões controversas influenciariam a Revolução Francesa, bem como o pensamento político e sociológico moderno.

Bertrand RUSSELL (1872–1970)
Bertrand Russell nasceu numa família britânica aristocrática, influente e liberal. Seu avô foi John Stuart Mill. Na Universidade de Cambridge, foi ensinado por Alfred North Whitehead, com quem colaborou na *Principia Mathematica*. Russell, mais tarde, deu aulas a Ludwig Wittgenstein, em Cambridge. Além de sua contribuição para a lógica filosófica, epistemologia e filosofia da matemática, Russell foi um famoso ativista social. Ganhou o prêmio Nobel de Literatura em 1950.

Gilbert RYLE (1900–1976)
O filósofo inglês Gilbert Ryle nasceu numa família próspera. Estudou na Universidade de Oxford, onde lecionou até a II Guerra Mundial, quando foi voluntário e atuou no serviço de inteligência. Ryle é conhecido por criticar a tendência humana de ver a mente como um elemento não físico do corpo – o que ele chamou de "fantasma na máquina" em seu livro de 1949 *The concept of mind*.

Jean-Paul SARTRE (1905–1980)
O existencialista Jean-Paul Sartre nasceu em Paris e estudou filosofia na École Normale Supérieure, onde conheceu sua companheira para o resto da vida, Simone de Beauvoir. Lecionou até a II Guerra Mundial, quando serviu o exército e foi brevemente prisioneiro antes de se juntar ao movimento da resistência. Depois da guerra, a obra de Sartre tornou-se cada vez mais política, apesar de ele continuar a escrever peças e romances, bem como textos filosóficos. Ganhou, mas rejeitou, o Nobel de Literatura em 1964.

Arthur SCHOPENHAUER (1788–1860)
Arthur Schopenhauer nasceu em uma rica família alemã. Ensinou filosofia na Universidade de Berlim ao mesmo tempo que Georg Hegel, a quem Schopenhauer desprezava. Um pessimista, é mais conhecido por seu livro *O mundo como vontade e representação* e pela ideia de que a realidade é feita de um mundo que podemos experimentar (o Mundo da Representação) e de um que não podemos (o Mundo da Vontade).

John SEARLE (1932–)
O filósofo americano John Searle é mais conhecido por seu experimento mental da "Sala Chinesa", o qual desafia a noção de uma inteligência artificial realmente inteligente. Também ficou famoso por suas contribuições à filosofia da linguagem e à filosofia da mente, tendo recebido vários prêmios e graus honorários.

Peter SINGER (1946–)
Os pais judeus de Peter Singer emigraram para a Austrália, em 1938, para fugir da perseguição nazista em sua Áustria natal, e Singer cresceu em Melbourne. Filósofo moral e político, é mais conhecido por suas visões sobre os direitos dos animais e sua crença na capacidade deles de sofrer como os humanos. Também tratou de temas como o aborto, a eutanásia e a igualdade social.

SÓCRATES (469–399 a.C.) *Ver* 122–123

John STUART MILL (1806–1873)
Nascido em Londres, John Stuart Mill trabalhou para a Companhia das Índias Orientais por 30 anos, escrevendo em seu tempo livre. O pai dele, o filósofo e economista James Mill, exigiu muito do filho: John era proficiente em grego e latim aos sete anos e, mais tarde, adotou a visão utilitária de seu pai e de Jeremy Bentham. Sua esposa Harriet Taylor reforçou sua crença na igualdade para as mulheres e o ajudou a escrever *Sobre a liberdade*, dedicado a ela.

Susan SONTAG (1933–2004)
Nascida Susan Rosenblatt em Nova York, Susan Sontag terminou seu mestrado em filosofia em Harvard. Lecionou filosofia antes de se tornar uma escritora em tempo integral. É conhecida por seus ensaios sobre a cultura moderna, especialmente sobre a arte e a estética, que focam o problema de como devemos interpretar imagens.

Harriet TAYLOR (1807–1858)
Harriet Taylor nasceu em Londres, Inglaterra. É conhecida por seus escritos sobre direitos das mulheres, sexualidade e política e sua crença de que as mulheres deveriam poder viver e trabalhar nas mesmas "esferas" que os homens. Casou-se com John Stuart Mill depois de um longo caso, e muitos dos escritos de Taylor foram publicados com o nome de Mill.

TALES DE MILETO (c. 624–c. 546 a.C.)
Pouco se sabe de Tales, que é geralmente considerado o primeiro filósofo ocidental. Nasceu e viveu em Mileto, mas nenhuma de suas obras sobreviveu. Tanto Aristóteles como Diógenes Laércio se referiram a ele, mas ficou conhecido por sua alegação de que tudo é, no fim das contas, composto por água.

Henry THOREAU (1817–1862)
Henry David Thoreau nasceu em Concord, Massachusetts, EUA, e foi educado em Harvard. Trabalhou como professor e em seguida na fábrica de lápis de seu pai, vivendo de tempos em tempos da riqueza de seu amigo e mentor Ralph Aldo Emerson. Escreveu mais de 20 volumes sobre filosofia e história natural, que contribuíram para o posterior movimento ambientalista. As ideias em seu ensaio "Desobediência Civil" influenciaram inúmeros líderes de movimentos de resistência, incluindo Mahatma Gandhi e Martin Luther King.

Alan TURING (1912–1954)
Pioneiro da inteligência artificial, o matemático e lógico inglês Alan Turing criou o que ficou mais tarde conhecido como o teste de Turing para estabelecer ou não se as máquinas são capazes de pensar. Durante a II Guerra Mundial, desempenhou um papel-chave ao decifrar mensagens criptografadas pela máquina alemã Enigma. Foi processado por homossexualidade (então um crime) em 1952 e suicidou-se dois anos mais tarde.

Alfred North WHITEHEAD (1861–1947)
Nascido em Kent, na Inglaterra, Alfred North Whitehead estudou matemática na Universidade de Cambridge, onde lecionou por 25 anos. Entre seus alunos esteve Bertrand Russell, e os dois acabaram ficando amigos e mais tarde colaboradores na famosa obra de lógica matemática *Principia Mathematica*. Whitehead aos poucos mudou sua atenção da matemática para a filosofia da ciência e, mais tarde, para a metafísica.

Ludwig WITTGENSTEIN (1889–1951) *Ver* 106–107

Mary WOLLSTONECRAFT (1759–1797)
Mary Wollstonecraft nasceu em Londres, filha de um fazendeiro, e é considerada uma das filósofas fundadoras do movimento feminista. É mais conhecida pela obra *A vindication of the rights of woman* (1792), na qual argumenta que as mulheres não são naturalmente inferiores aos homens, mas que podem parecer assim porque não recebem uma educação apropriada. Morreu aos 38 anos, dez dias depois de dar à luz sua segunda filha, Mary Shelley, autora de *Frankenstein*.

XENÓFANES (c. 560–c. 478 a.C.)
Xenófanes nasceu em Colofón, Grécia Antiga, mas viveu uma vida nômade. Poeta e pensador religioso, sua filosofia foi expressa em sua poesia, e ficou famoso por criticar a imoralidade de deuses e deusas gregos. Também fez reflexões pioneiras sobre a natureza do conhecimento. É mencionado tanto nos escritos de Platão quanto nos de Aristóteles.

ZENÃO DE ELEIA (c. 495–c. 430 a.C.)
O filósofo e matemático, Zenão de Eleia ficou famoso por seus paradoxos e especialmente por seu esforço de demonstrar que o movimento é impossível. Aristóteles o chamou de "pai da dialética", sem dúvida um testamento às suas habilidades argumentativas. Zenão foi um constante apoiador da alegação de seu mestre Parmênides de que o Universo é feito de uma única substância imutável.

Glossário

Alma
A parte espiritual e imaterial de um ser que supostamente vive depois da morte.

Antropomorfismo
Atribuição de comportamento ou características humanas a algo que não é humano, como os animais.

Aretê
Na filosofia da Grécia Antiga, esse conceito engloba excelência e virtude.

Argumento
Na *lógica*, um processo de *raciocínio* que infere uma *conclusão* a partir de uma ou mais *premissas*. Supõe-se que as *premissas* sustentem a *conclusão*.

Ceticismo
A visão de que não temos nem podemos ter conhecimento numa área específica. Por exemplo, céticos a respeito do *mundo* externo dizem que não podemos conhecer o *mundo* fora de nossa mente.

Coisa em si
Aquilo que uma coisa de fato é, em vez daquilo que é percebido através de nossos sentidos. Sinônimo para *númeno*.

Conclusão
Parte final de um *argumento* lógico que é inferido a partir de premissas.

Consequencialismo
A visão na *filosofia* moral de que a *moralidade* de uma ação deveria ser julgada pelos seus resultados.

Contraditório
Duas afirmações são contraditórias quando a verdade/falsidade de uma *requer* a falsidade/verdade da outra. Se uma for verdadeira, a outra tem que ser falsa.

Contrário
Duas afirmações são contrárias se nenhuma das duas pode ser verdade, mas ambas podem ser falsas.

Contrato social
Quando os membros de uma sociedade implicitamente concordam em cooperar de modo a alcançar metas que beneficiam o grupo como um todo, às vezes à custa de alguns de seus indivíduos.

Dedução
Conclusão específica a partir de uma regra geral. Um *argumento* dedutivo é sempre válido, diferentemente de seu oposto, a *indução*.

Dialética
Na Grécia antiga, um método de buscar a verdade ao discutir ideias com pessoas de visões diferentes.

Dualismo
A visão de que existem dois tipos de *substância*.

Dualismo de propriedade
A noção de que as coisas físicas têm propriedades não físicas, como as propriedades mentais.

Dualismo mente-corpo
A visão de que a mente e o corpo são duas *substâncias* separadas.

Empirismo
A crença de que todo conhecimento das coisas fora da mente é adquirido através da experiência sensorial.

Epistemologia
Ramo da filosofia ocupado com o que é o conhecimento, o que podemos conhecer e como podemos saber o que sabemos.

Essência
A verdadeira natureza de alguma coisa – o que a faz ser o que é.

Estética
Ramo da filosofia ocupado com o que é considerado belo ou artístico.

Ética
O estudo do comportamento certo e errado e os princípios morais que governam esse comportamento. Também conhecida como *filosofia moral*.

Existencialismo
Uma abordagem da filosofia do século XX que focaliza a existência humana e a busca por sentido ou propósito na vida.

Experimento mental
Uma situação imaginária que é concebida com o propósito de testar uma *hipótese*.

Falácia
Um erro de *raciocínio* facilmente cometido.

Falseabilidade
Característica de uma afirmação, ou conjunto de afirmações, de ser falseável se puder ser mostrada como falsa.

Glossário

Fenômeno
Algo que podemos experimentar. É o oposto de *númeno*.

Filosofia da mente
Ramo da filosofia que estuda a natureza da mente, os processos mentais, a consciência e a relação entre a mente e o corpo físico.

Filosofia moral
Também conhecida como *ética*, o ramo da filosofia que examina as ideias de certo e errado, bem e mal e a base moral para nossas ações e julgamentos.

Filosofia política
Ramo da filosofia que examina a natureza e os métodos do Estado, incluindo os conceitos de justiça, política e ordem social.

Fisicalismo
A crença de que no fim das contas tudo é físico. Por exemplo, nossas experiências mentais podem ser explicadas pelo funcionamento físico de nosso cérebro.

Forma lógica
Na *lógica*, a estrutura de um *argumento*.

Glândula pineal
Uma pequena glândula no cérebro que parece um pinho. René Descartes acreditava que esse era o ponto no qual a mente se conectava com o corpo.

Hipótese
Uma proposta de explicação que precisa ser investigada mais a fundo.

Idealismo
A visão de que a realidade consiste, em última instância, da mente e de suas ideias, em vez das coisas materiais. A visão oposta é o *materialismo*.

Indução
Inferir uma *conclusão* a partir de uma ou mais *premissas* em que a *conclusão* supostamente é sustentada, sem ser *exigida* logicamente pelas *premissas*.

Inferência
Uma *conclusão* tirada por meio de um *argumento* a partir de *premissas*.

Liberalismo
Na *filosofia política*, a visão de que a sociedade deveria proteger a liberdade e a igualdade individual.

Lógica
Ramo da filosofia que estuda o *argumento racional* – incluindo como construir um bom *argumento* e identificar falhas em *argumentos*.

Lógica difusa
Um sistema de *lógica* que lida com *meias verdades*, permitindo que sejam expressas através de um contínuo entre o verdadeiro e o falso.

Materialismo
A ideia de que no fim das contas tudo é material. Não existem *substâncias* ou propriedades não materiais. A visão oposta é o *idealismo*.

Meia verdade
Uma alegação que é parcialmente verdade.

Metafísica
Ramo da filosofia ocupado com a natureza fundamental da realidade.

Monismo
A visão de que no fim das contas só existe uma *substância*.

Moralidade
Princípios que determinam o comportamento certo ou errado, bom ou mau.

Mundo
Na filosofia, as palavras "mundo", "universo" e "cosmos" são comumente usadas para representar o total da realidade que podemos experimentar. Os filósofos algumas vezes se referem a "mundos" diferentes, como o mundo *fenomenal* ou o mundo *numenal*.

Mundo das Ideias (ou das Formas)
De acordo com Platão, um *mundo*, separado do *mundo* em que vivemos e que contém as formas ideais das coisas. Somente conseguimos ver reflexos imperfeitos dessas formas perfeitas.

Númenos
Uma *coisa em si* que existe independentemente de nossa experiência, além do escopo de nossa mente – o oposto de *fenômeno*.

Paradoxo
Um argumento que, apesar de parecer um *raciocínio* sólido a partir de *premissas* aceitáveis, leva a uma *conclusão* que parece absurda.

Pragmatismo
Abordagem filosófica que enfatiza a utilidade do conhecimento – uma

Glossário

teoria ou crença é bem-sucedida se puder ser aplicada na prática.

Premissa
O ponto de partida de um *argumento*. Qualquer *argumento* tem que começar com pelo menos uma premissa: por exemplo, "Todos os homens são mortais".

Princípio do dano
Proposto por John Stuart Mill, consiste na ideia de que as pessoas deveriam ser livres para fazer o que quiserem, desde que não causem dano a outros nem restrinjam sua liberdade de fazer o mesmo.

Proposição
O que é declarado quando alguém faz uma alegação. As proposições podem ser verdadeiras ou falsas.

Proposição analítica
O oposto de *proposição sintética* – que é verdadeira em razão do sentido das palavras usadas para expressá-la, como "Os galos *são machos*".

Proposição sintética
Proposição que não é verdadeira em razão do sentido das palavras usadas para expressá-la. Seu oposto é a *proposição analítica*.

Prova
Argumento que estabelece a verdade de sua *conclusão* acima de qualquer dúvida.

Qualidades primárias e secundárias
Na filosofia de John Locke, um objeto tem qualidades primárias, que podem ser medidas sem a necessidade de experiência – como tamanho –, e qualidades secundárias, que são determinadas pela experiência pessoal daquele objeto – como a cor.

Raciocínio
O pensamento sobre alguma coisa numa forma lógica, *racional*.

Racional
Baseado em, ou pelo menos não contrário a, princípios e usos da *lógica* e da razão.

Racionalismo
A crença de que todo conhecimento é adquirido através de ideias *racionais*, ou *raciocínio*. A visão oposta é conhecida como *empirismo*.

Relativismo
A noção de que o que é verdadeiro ou falso depende do contexto cultural, social ou histórico.

Requisição
Na lógica, quando uma coisa inevitavelmente leva a outra.

Silogismo
Uma forma de *raciocínio* na qual uma *conclusão* é tirada a partir de duas *premissas*. Um exemplo de silogismo é "Todos os homens são mortais; Sócrates é um homem, logo Sócrates é mortal".

Substância
Algo que é capaz de existir por si só. Por exemplo, a substância mental poderia existir por si só, sem nenhuma substância física. Os materialistas dizem que só existe um tipo de substância – a substância material. Os dualistas alegam que existem dois tipos de substância: mental e física.

Utilitarismo
Teoria na *filosofia moral e política* que julga a *moralidade* de uma ação pelas suas consequências e considera como o resultado mais desejável aquele que produz o maior bem para o maior número de pessoas.

Validade
Um *argumento* é considerado válido se sua *conclusão* segue logicamente as suas *premissas*. Isso não quer dizer que a *conclusão* seja verdadeira.

Verdade contingente
Algo que pode ou não se aplicar – o oposto de *verdade necessária*.

Verdade de fato
Uma afirmação verdadeira que não pode ser estabelecida só pela razão (diferentemente de uma *verdade de raciocínio*).

Verdade de raciocínio
Uma afirmação que pode ser estabelecida como verdadeira usando somente a razão – diferentemente da *verdade de fato*.

Verdade necessária
Algo que tem que ser – o oposto de uma *verdade contingente*.

Verificabilidade
Uma declaração pode ser verificada se for possível mostrar que ela é verdadeira.

Zumbi
Na filosofia, uma pessoa que se parece com um humano normal e se comporta como um, mas que não tem consciência.

Índice

Nota: os números de página em **negrito** são usados para indicar a informação-chave sobre o assunto.

A

Agostinho de Hipona 113, 140-141, 148
alma 50, 53, **66-67**
  animais e 74-75
ambiente 63, **143**
Anaximandro 40, **148**
Anaxímenes 40, **148**
angústia existencial 61
animais **74-75**, 104
  direitos dos 75, 87, 146
Anselmo, Sto. 53, **148**
aprendizado 35, 36, 115
Aquino, Tomás de 52, 53, **56-57**, 140, 141
Arendt, Hannah 130-131
aretê 120-121
argumento
  regras matemáticas do 92-93
  válido/inválido 90-91, 98-99, 108-109
  ver também lógica; raciocínio
Aristóteles 54, **96-97**, 121
  arte 144-145
  e a lógica 92, 93, 97, 98-99, 100

ideia das quatro causas 42-43
observações da natureza 25, 36, 97, 100
sobre a beleza 144
sobre o conhecimento 17, 24-25
sobre a política 128, 129, 132
sobre a psique 66-67
sobre o "senso comum" 104
Tomás Aquino e 57
astronomia 31, 35, 42-43, 104
atomismo 40, **41, 43**, 44, 62, **67**
Avicena (Ibn Sina) **50, 148**
Ayer, A. J. 119, 148

B

Bacon, Francis 54, **100-101**, **148**
beleza 144-145
Beauvoir, Simone de 138-139
besouro na caixa, ideia 111
Bentham, Jeremy **126-127**, 134, **148**
Bergson, Henri 59, **148**
Berkeley, George 18, 19, **44-45**, **148**
Berlin, Isaiah 135, 148
Big Bang, teoria 55
budismo 13, 47, 112, 149

C

Camus, Albert 61, **148**
carreiras 8-9
Carroll, Lewis 109
causas
  as quatro causas de Aristóteles 42-43
  do Universo 52-53
cérebro 68, 69, 79, 82, **84-85**, 86
"cérebro numa cuba", ideia 50-51
ceticismo 26-27
ciência 6, **54-55**, 62, 102-103
  Aristóteles e 97
  como verdades contingentes 95
  e a mente 71, 84-85, 86
  e lógica **100-101**, 105, 115
  e religião 113
  moralidade da 142-143
cínicos 121
comportamento 84
computadores **82-83**, 87, 101, 115
comunismo 132
Confúcio ver Kong Fuzi
conhecimento **10-37**
  científico 54-55
  confiança no 14-15, 18-19, 26-27
  da existência 50-51
  limites do 32-33
  origens do 16-17, 20-21, 24-25
  versus crença 28-29
  versus verdade 34-35

consciência 70-71, 79
contrato social 80-81, **132-133**
corpo e mente 68-69, 78-79
costumes e hábitos 102, 105
crença 7, 27, **28-29**
criação 52-53
cursos e classes 8

D

Darwin, Charles 59, 74-75
Debate ver discussão
demônio enganador 19, 26-27, 50, 51
Declaração da Independência, EUA 136
dedução 90-91, 92, 98
democracia 129, 141
Demócrito 41, 42, 43, 44, 67, 149
Descartes, René 17, 45, 46, 50, **72-73**, 74
  ceticismo 26-27
  "cogito ergo sum", ideia 51, 68, 73
  crítica de Hume 105
  e a matemática 21, 25, 72
  sobre mente-corpo 68, 69, 76
  sobre os sentidos 18-19, 21
descrições, teoria das 108-109
desígnio, argumento do 52, 53
desobediência civil 137
Deus

Índice

157

brincando de 142-143
existência de **52-53**, 69
leis de 141
palavra de 126
Dewey, John 35, **149**
dialética 92
diferenças culturais 7, 124-125, 144
Diógenes 121
direitos
civis 137
das mulheres **137**, 138-139
declarações dos 136, 137, 147
dos animais 75, 87, 146
humanos 133, **136-137**, 147
discussão 8-9, 14-15, 17, 114
doença mental 86
dor 75, 76, 126-127
Du Bois, W. E. B. 137, **148**
dualismo da propriedade 69
dúvida **26-27**, 73

E

é/deveria, problema 119
educação *ver* aprendizado
elementos 40, 41
emoções, influência das 104, 119
Empédocles 40, 41, 43, 66, **149**
empirismo 16, 17, 19, 23, 27, 32, 46-47, 105

Engels, Friedrich 132
Epicuro 44, 67, 120, 121, **149**
Epimênides 99
epistemologia 13, 16, 36-37, 84
Espinoza, Bento 21, **68-69**, **152** essência 24
estado *ver* governo, política
estoicos 121
ética 118
médica 142-143
ver também moralidade
*eudemonia*120
eutanásia 142-143
evolução, teoria da 59, 75
existência 50-51, 52, 60-61
ansiedade da 61
existencialismo **61**, 63
experiência 17, **24-25**, 30, 50-51, 60-61, 71
do tempo 58-59
limites da 32-33
experimentação 100-101
expressivismo 119

F

falácia do jogador 103
falácia naturalista 120
falácias 98, 103, 120
Fanon, Frantz 137, **149**
fantasma na máquina 69
fatos, verdade dos 94-95
felicidade 134-135
feminismo 137, 138-139
fenômenos 31, 33
Feuerbach, Ludwig 44, **149**

Feyerabend, Paul 54, 55, **149**
ficção científica 51, 79, 83
filosofia (origem da palavra) 13
filosofia cristã 29, **52-53**, 56-57, 67, **112-113**, 126, **140-141**
filosofia indiana 13, 47, 67, 87
filosofia islâmica 50, 67, 100, **112-113**, 126, 140, 141
filosofia natural 54
filosofia oriental 13, 29, 47, 67, 87
filósofos gregos 12-13, 14-15, 16-17, 92
céticos 26
e a religião 112-113, 140
e o Universo 40-41, 42-43, 62
sobre a política 128
sobre a psique 66-67
sobre a virtude 120-121, 124
ver também Aristóteles; Platão; Sócrates
física 40, 54-55, 58, 142
fisicalismo 68, 70
fluxo de consciência 71
Formas, Mundo das **20-21**, 24, 25, **49**, 140, 144
Frege, Gottlob **92-93**, 99, **149**

G

Gandhi, Mahatma 137
Gautama, Sidarta 13, **149**
genética 37, 62, 143
Gettier, Edmund 29, **149**
Gouges, Olympe de 137, 149
governo 81, 123, 132- 133, 134-135, 146, 147
ver também política
guerra 141, 147

H

harmonia das esferas 42
Hegel, Georg 58, 59, **149**
Heidegger, Martin 59, 60, 61, **149**
Heráclito 58, **149**
Hobbes, Thomas 78-79, **80-81**, 132, 134
Hume, David **22-23**, 27, 44, 45, 70, 71, 104-105
sobre a indução 102
sobre a moralidade 118-119
sobre a verdade 94-95
Husserl, Edmund 60, **150**
Hipátia 150
hipótese 100-101

I

Ibn Sīnā *ver* Avicena
idealismo 44-45
ideias 16-17
mudança 79

Índice

Ideias, Mundo das *ver*
Formas, Mundo das
identidade pessoal 78-79
igualdade 136-137
igualdade racial 137
ilusão 18, 21, 33, **46-47**
imortalidade 66-67
indução **92**, 98, 101, **102-103**, 105
inteligência artificial **82-83**, 87, 101
intuição 30, **104**

J

James, William 34, 35, 70, **71**, **150**
Johnson, Samuel 45
justiça **134-135**, 146

K

Kant, Immanuel **30-31**, 32, 33, 45, 46, 47, 60
sobre a moralidade 124, 127
sobre o tempo 58-59
Kierkegaard, Søren 60, 61, **150**
Kong Fuzi (Confúcio) 13, 112, **150**
Kuhn, Thomas 55, **150**

L

lei 8, 37, 114, 118, 124, **134-135**, 146
religião e 140-141
Leibniz, Gottfried 21, **94**, 95, **150**
Leucipo 41, 43, 44, 67, 149
liberdade 133, 134-135
de escolha 60, 127
linguagem 37, 107, 109, **110-111**
Locke, John 17, 24, 25, **32**, **46-47**, 79, 132-133, 136, **150**
lógica 21, **90-93**, 98-99, 104, **108-109**, 114-115
ciência e 100-101
difusa 82, 99
dúbia 102-103
linguagem e 107, 110-111
senso comum 104-105

M

mal 52
Maquiavel, Nicolau 126, **150**
Marx, Karl 44, 132, 141, **150**
matemática 21, 42, 72, 95
e lógica **92-93**, 99, 101
materialismo **44-45**, 113
Matrix (trilogia) 51
medicina 101, 115, **142-143**, 146
meias verdades 98, 99
mente 50, **64-87**
ciência e 71, 84-85, 86
consciência 70-71
corpo e 68-69, 78-79
de outras pessoas 76-77

dos animais 74-75
e identidade 78-79
metafísica 40, 62-63
milagres 105
Mill, John Stuart 134-135, **150**
monismo 40-41
monitoramento 147
Moore, G. E.120, **150**
moralidade 6, 15, 31, 55, **116-147**
ciência e 142-143
consequências 126-127
e direitos dos animais 75, 87
natureza relativa da 124-125
origem do mundo 119
razão e 119
religião e 140-141
virtude 118, **120-121**, 124, 128
mudança 58-59
música 42

N

Nações Unidas 147
nada 41
Naess, Arne 143, **150**
natureza 143
classificação da 25, 36, 97, 100
inato *versus* adquirido 37
ver também animais
nazistas 130, 131
negócios 147

neurociência 55, 82, 84-85, 86
Nietzsche, Friedrich 60, 141, 150
Nozick, Robert 135, 151
númenos 31, 33

O

objetos 46-47
Ockham, Guilherme de 104-105, 151
Ockham, navalha de 104. 105

P

paradigma, mudanças de 55
paradoxos 98, 99, 104
Parmênides 41, 151
partículas 40, 43, 62
Peirce, Charles Sanders 34-35, 151
pena de morte 125, 146
percepção 44-45
Pitágoras 42, 43, **151**
Platão 45, 46, 48-49, 112
Aristóteles e 96
história da caverna 21, 49
Mundo das Formas, Ideias **20-21**, 24, **49**, 140, 144
sobre a política 128-129
sobre a psique 66, 67
sobre o conhecimento 16-17, 18, 24, 29

Índice

política 37, 114, 118, 126, **128-129**, 131, **132-137**, 146
  religião e 140-141
  ver também governo
Popper, Karl 103, **151**
pragmatismo 34-35
prazer 120, 121, 126-127
proposições, formas de 93
Protágoras 124, 125, **151**
psicologia 9, 36, 55, 71, **84--85**, 86
psicoterapia 63, 86
psique 66-67
Putnam, Hilary 50-51, **151**

Q

quadrado de oposições 93
quantificadores 109
questionamento 15, 26-27

R

raciocínio 12-15, 16, **20-21**, 23, 24, 25, 27, **88-115**
  e moralidade 119
  e religião 113
  verdades do 94-95
  ver também argumento; dedução; indução; lógica
racionalismo 21
  ver também raciocínio
ratos, de laboratório 75
Rawls, John 135, **151**

realidade 21, 33, **38-63**
  conhecimento da 50-51
  natureza da 44-45
  versus ilusão 46-47
reciprocidade 126
reencarnação 67
regra de ouro 126
regressão infinita 27
relativismo **124-125**, 144
religião 12, 23, 28, 29, 45, 63, **112-113**
  alma imortal 66-67
  e guerra 141
  e lei 140-141
  e moralidade 126, 142-143
  existência de Deus **52-53**, 69
  oposição à 141
  ver também filosofia cristã, filosofia islâmica
Revolução Francesa 136, 137
revoluções 132, 136
riqueza, distribuição de 146
Rousseau, Jean-Jacques 132, **133**, 134, 136, **151**
Rumsfeld, Donald 33
Russell, Bertrand 90, 106, **108-109**, **151**
Ryle, Gilbert 69, 151

S

Sala Chinesa, teste 82
Sartre, Jean-Paul 61, 138, **151**

Schopenhauer, Arthur 47, **152**
Searle, John 82-83, **152**
senso comum 104-105
sentidos **18-19**, 20, 21, 23, 25, 27, 46-47, 68, 70
  o cérebro e 84
  limites dos 32, 33
  psicologia dos 36
silogismo **92**, 93, 97, 98
Singer, Peter 75, **152**
sociedade 80, **128-129**
  civilizada 132-133, 136-137
  leisda 134-135
sociedade civil 132-133
Sócrates **14-15**, 16, 26, 48, 66, 92, **122-123**, 144
  sobre a virtude 118, 120- 121
sofistas 124
solução de problemas 9, 114
Sontag, Susan 145, 152
substância universal **40-41**, 69

T

Tales de Mileto 40, 41, 42, **152**
Taylor, Harriet 150, **152**
tempo **58-59**, 62
teocracias 129, 141
teologia 112-113
  ver também religião
terrorismo 147
Thoreau, Henry 137, **152**
Turing, Alan 82-83, **152**

U

universo 35, **40-43**, 52-55, 69
  origens do 52-53, 55, 62
utilidade 23, 35
utilitarismo 134
"Uuu/Viva", teoria 119

V

verdade **34-35**, 37, 94-95, 127
verdade analítica 94
verdade contingente 94, 95
verdade necessária 94, 95
verdade sintética 94
vida, sentido da **61**, 63
virtude 118, **120-121**, 124, 128
Vontade universal 47

W

Whitehead, Alfred North 98, **152**
Wittgenstein, Ludwig **106-107**, 110-111
Wollstonecraft, Mary 137, **152**

X

Xenófanes 14, **152**

Z

Zenão de Eleia 99, **152**
zumbis 77

Agradecimentos

A DK agradece a John Searcy pela revisão e a Jackie Brind pelo índice.

A editora agradece às pessoas a seguir pela gentil autorização para reproduzir suas fotografias:

(Legenda: a–acima; b–abaixo/embaixo; c–centro; e-esquerda; d-direita; t-topo)

6 Corbis: Lawrence Manning (cd). Fotolia: dundanim (ce). iStockphoto.com: traveler1116 (ce). 7 Getty Images: Image Source (ce/scientist). iStockphoto.com: urbancow (ce). 10 Alamy Images: Blend Images. 13 Dorling Kindersley: Rough Guides / Brice Minnigh (bd). 15 Corbis: George Tatge / Alinari Archives (td). 17 Corbis: Richard T. Nowitz (bd). 19 Dorling Kindersley: Sir John Soane's Museum, London (bd). 21 Corbis: Stephen Simpson (bd). 25 Dreamstime.com: Eric Isselee (bd/leão, bd/tigre). 33 Corbis: Hyungwon Kang / Reuters (bd). 35 Dorling Kindersley: Rough Guides / Roger Norum (cda). 38 Corbis: Halfdark / fstop. 40 Science Photo Library: Laguna Design (be). 42 Fotolia: Paul Paladin (be). 47 Dorling Kindersley: Birmingham Buddhist Vihara (bd). 51 Alamy Images: AF archive (bd). 64–65 Alamy Images: Henry Arden / Cultura Creative (d). 67 Fotolia: Valdis Torms (bd). 79 Alamy Images: Photos 12 (bd). 88 Alamy Images: Image Source / ISO266I7R.

95 Dorling Kindersley: Science Museum, London (bc). 99 Wikipedia: (td). 101 Alamy Images: Hugh Threlfall (tr). 104 Pearson Asset Library: Pearson Education Ltd / Jules Selmes (b). 106–107 Getty Images: Hulton Archive / Dorling Kindersley (obra de arte). 111 Alamy Images: Brian Hagiwara / Brand X Pictures (bd). 116 Alamy Images: YAY Media AS / BDS. 118: Dorling Kindersley: Whipple Museum of History of Science, Cambridge (bd). 122–123 Getty Images: G. Dagli Orti / De Agostini / Dorling Kindersley (obra de arte). 132 Corbis: Alfredo Dagli Orti / The Art Archive (be). 137 Alamy Images: Everett Collection Historical (bd). Dorling Kindersley: Corbis / Hulton-Deutsch Collection. 141 Corbis: Leonard de Selva (bd). 143 Corbis: Chris Hellier (td). 144 Dorling Kindersley: Rough Guides / Lydia Evans (b).

Mais informações em © Dorling Kindersley
Todas as outras imagens: www.dkimages.com